JN164204

100歳まで
お金に苦労しない

定年夫婦になる!

幸せ「定年夫婦」度チェック

100歳までお金に困らない「定年夫婦」へ！ と本書を読み進める前に、ウォーミングアップとして、まず、次のチェックをやってみてください。できればご夫婦で。それぞれでもどうぞ。ご自身の気持ちや行動にあてはまるかどうか、YESと思ったら上の□にチェックを入れてくださいね。

- □ 90歳で元気に暮らす自分をイメージできる
- □ 60代後半で働いている自分をイメージしたときに抵抗がない
- □ 体力をキープするために運動を習慣にしている
- □ 健康に気をつけながら、積極的に食事を楽しんでいる
- □ 自分＋家族がもらう年金の額、世帯の総貯蓄額を把握している
- □ 投資など、お金を積極的に貯めたり増やしたりしたことがある
- □ iDeCo、つみたてNISAなど、お金の最新情報を知っている
- □ これから始めたい趣味がある

□声をかければ1か月以内に会える友だちが3組以上いる

□生活が向上するなら定年後に「住み替える」ことも考えられる

□SNS、ブログなど、発信することに抵抗がない

□知人に「ある期間、週1で店を手伝って」と言われたら、できる範囲ならやる

□家族や友だちから予定をキャンセルされても腹を立てない

□パートナーと別行動の旅や趣味に出かけている

□パートナーと、それぞれの老後のビジョンを話し合える

□定年後もアクティブに人生を楽しむつもり。その思いをパートナーと共有できる

さて、あなたの「幸せ『定年夫婦』度チェック」はどうだったでしょう？

実はこのチェックリストでは、「YESの数」がポイントです。

あなたはいくつだったでしょう？　YESが多い人ほど、これからご紹介する、「100歳までお金に困らない『定年夫婦』」に近いところにいます。

では具体的にどうすればいいか、各設問のココロは、本文で詳しく説明しましょう。


さあ、幸せ「定年夫婦」ライフへの扉を開きましょう！

はじめに

「定年夫婦」

そう言われる人は、現在日本に何人いるでしょう？

配偶者を持つ60歳以上の方は、現在ざっと3千万人。
この本を手にされているあなたが60歳、65歳へと年を重ねるにつれ
その人数はさらに増えているでしょう。
夫婦のいずれかが「定年」を迎えた「定年夫婦」。
今、現役の方の多くが、いつかそのひとりになるはずです。

今の日本は、平均寿命が延びる一方。
最近急に、ある言葉を目にすることが増えました。

「人生100年時代」

そう。最近のデータによると、95歳まで生きる可能性は、
男性なら約10パーセント、
女性ならなんと25パーセントもあるのです。
男性の10人にひとり、女性の4人にひとりは95歳まで生きる時代。
95歳といえば、100歳もすぐそこ。
定年から35〜40年と、
「定年夫婦」でいる時間は、ぐーんと長くなりました。

楽しみでもありますが、不安もあります。
いえ、むしろ不安のほうが多いかもしれません。
健康の不安、お金の不安。ほかにもかぎりなく……。

でも実は「定年夫婦」のみなさんには、強みがあります。

生活を共にしてきた「パートナーがいる」という強みです。
もちろん、ひとくちにご夫婦といっても、事情はそれぞれ。
「定年（仮面）夫婦」だって少なくないでしょう。
でも、中身はどうあれ、定年後の生活においては、
「定年夫婦」であることに一定のメリットはあります。

それは、老後の「おひとりさま」を心配する本が
世の中にたくさんあるのを見れば、一目瞭然。

精神的に、物理的に、そしてなにより金銭的に、
ふたりでいることは、
セーフティー・ネットとして機能するのです。

ただ、「定年夫婦」にもリスクがあります。
どちらかの病気や別れ、死による、
打撃と変化……がその代表でしょう。

夫婦のどちらかが先に世を去り、遺された側は多くの場合、

「最後はおひとりさま」になることも忘れてはいけません。
また、ふたりで浪費すれば、倍速で貧しくなる、といった相乗リスクや、もたれあいリスクなどもあります。

そうしたリスクも視野に入れつつ、だからこそできるだけ長く、自分たちなりの夫婦像・暮らし方の中で「メリット」を生かして、「安心して人生を楽しめる定年夫婦」でいたいものです。
そのために大事なのは……「今の時代に合った備え」！

「100歳までお金に困らない」

ということを目標に、意識して新しい知識を蓄え、

すばやく実践して備えておけば、
第二、第三の人生をゆったりと、
楽しく朗らかに生きていけます。

たいそうな勉強は必要ありません。
これまでの常識にとらわれない、ちょっとした「意識」と、
この時代を生きるための最新の「知識」があればいいのです。
それらをベースに
「今、何をすべきか」がわかるように、この本にまとめました。

さあ、あなたも、この本を読んで、実践していただければ、
「100歳までお金に困らない『定年夫婦』」の仲間入りです！

「定年夫婦」だからこそ、の メリット

一緒に暮らしを続けるパートナーがいる

気心が知れていて、共に暮らす「相棒」がいるのは、安心感大。
孤独ゆえのムダな出費を回避できる

暮らしや考え方の偏りを修整しあえる

年を重ねると性格もお金の使い方も、偏りがち。
「暴走」する前に相互にチェックしフォローもできる

困ったときに、助け合える

病気、けが、近親者との別れ…。心身やお金がピンチなときに
助け合える。たとえ猫の手程度でも…（笑）

ふたり分の収入がある

収入がダブルだと安心感も倍増。男性より長生き傾向の女性も、
収入がふたり分のうちに、将来のおひとりさま時代に備えることもできる

ふたりで働くこともできる

「元気なうちは働く」というのが「人生100年時代」。

ふたりで働けばダブルで収入増に

「定年夫婦」だからこそ、の リスク

危機感に乏しくなりがち

安心感に油断して、「なんとかなるや」と楽観、
準備不足のまま年を重ねてしまうことも

出費がダブルになる場合も

「ダブルインカム老後」は贅沢になりがち。
現役時代と切り替えて出費減にシフトを

安定感から周囲に頼られがち

子どもや親、または兄弟姉妹から、
物心両面の援助を頼られがち

お互いに頼りすぎて孤立するおそれも

互いを頼り、依存するあまり、社会制度に目を向けず
外部から孤立する場合もある

もしものときはパートナーロス+生活激変に

支え合ってきた定年夫婦が、相手を失うショックは大きい。
同時に経済状態も一気に変化することが多いので、備えが必要

第3章

第4章

第1章

「人生100年時代」の安心は、どこにある？

人生100年に備えろと言われたら、不安になるしかない「定年夫婦」のみなさんへ

老後資金はその家族次第。「〜円必要！」は〝煽《あお》り〟です

「定年」のある職業で働いている方、そしてそのパートナーが、自分ごととして「定年」を考えるのは、何歳ごろからでしょう？

私の観察では、40代のころは、リタイアしたら旅行をしたり、海外暮らしを楽しみたいというような、**「定年ドリーム」**を持っているようにお見受けします。そして、だいたい50代が見えてくると心の中で、**定年への「カウントダウン」**が始まるようですね。会社での将来の展望もだいたい見極められ、お子さんのいる方は、受験や就職などの子育ての山をおおむね越えて、次の区切りは「定年」となるからでしょう。

そうこうしているうちに、60代がやってきて、みなさん堂々の**「リアル」定年世代**となるわけです。**ご夫婦ならば、「定年夫婦」ですね。**

いずれにしても定年について考え始めるのは40代以降、という方が一般的。考え始めるきっかけが、定年後のお金についての話題、ということも多いようです。

最近は特に、定年後のお金について、疑問の声が沸き起こっています。「２０００万円足りない」の騒ぎから以降、疑心暗鬼をつのらせる声が増えました。

「安心老後には２０００万や３０００万でも足りない。１億円くらい必要では？」
「公的年金の支給年齢が上がって先延ばしになるの？　年金はもうダメなの？」

ドキッ！　思わず目がとまりますよね。でも１億円？　ちょっと待ってください。不安がふくらみ、老後の必要額を雪だるま式に多く見積もりすぎてはいけません。

「年金支給開始が先延ばしに」？　支給開始年齢は過去にも上がっています。少子高齢化の中、今後も絶対今のまま、という保証がないのも確かです。でも、急に先延ばし、なんてありえませんし、それで年金自体がダメになると言うのも早計です。

昨今はとくに不安を煽る節や、議論が足りていない感もあるのか疑念が疑念を呼び、「定年」と聞くだけで気が滅入ったり、途方に暮れてしまう人も少なくないようです。

私は社会保険労務士・ファイナンシャルプランナーとして、年金やお金について考えたり、講演や執筆などを通じて情報発信したりする仕事をしています。なかでも**「老後資金」は、「教育費」「住居費」と並ぶ人生の3大支出**のひとつであり、どのように準備すべきかについてお話しする機会もとても多いです。その私が、こうした報道を見るたびに思うのは、

「世の中には**危機感を煽って人を動かそうとする商売があるんだな……**」ということ。

だからこそ、はっきり言っておきます。

自分が「足りる」額だけ持っていれば、十分、老後を幸せに生きていけます。

私のこれまでの経験から言えば、「老後資金は人それぞれ」。かなり豪華な施設に入ったり、世界一周をしたりという「ファーストクラスの定年夫婦」を目指す方は別と

して、普通に楽しく幸せな毎日を送るには、たいそうな蓄えなどなくても大丈夫です。

公的年金についても、支給開始が75歳になるなんて話を書き立てる記事も見かけますが制度を変えるには議論が必要なので、変更があってもかなり先。たとえば現在50～60代の「定年夫婦」の年金が75歳からになる可能性は無いと言っていいでしょう。

でも、こうした言葉ばかりに接していると、誰だって心配で、頭も心もフリーズしてしまいます。そしてお金を使うのが怖くなり、欲しいものも買わず、食費も抑えるなど、潤いのある生活や健康的な日々を失ってしまうことにもなりかねません。不安を募らせて、心身のバランスを崩してしまうこともあるでしょう。


そんな悲しい気持ちでみなさんが、定年までの、そして定年になってからの大事な時間を過ごさなくて済むように、この本を書きました。

頭を切り替えて現実を把握し、必要な知恵を持つことで、不安にとらわれずに楽しい毎日を過ごすことができます。特に定年を意識し始めたご夫婦、定年になったご夫婦こそ、現実的な知恵を基盤に、より確かに支え合い、「今」を大切にして、貴重な時間を過ごしていただきたいのです。

人生100年時代。老後必要総額は2000万円前後増える

「人生100年時代」と言われる根拠はなんでしょうか?

厚生労働省の調査(2017年)では、男性の平均寿命は81・09歳、女性は87・26歳です。この平均寿命とは0歳の子が平均何歳まで生きるかを示すものなので、今すでに55歳まで生きてきた人が何歳まで生きるかを示す「平均余命」だと、男性では28・08年(83・08歳まで)、女性は33・59年(88・59歳)と、さらに長くなります。

もっと驚くのが、65歳まで生きた人では**男性の約4分の1、女性の約半数は90歳まで、さらに1割弱の男性と約4分の1の女性は95歳まで生きること!**

確かに「人生100年時代」です。

60歳で定年退職して90歳まで生きるとしたら、定年後の暮らしは30年。その長い時間、退職までに蓄えたお金と年金で暮らすとなれば、なんとなくの想定よりも、かなりお金がかかりそうです。

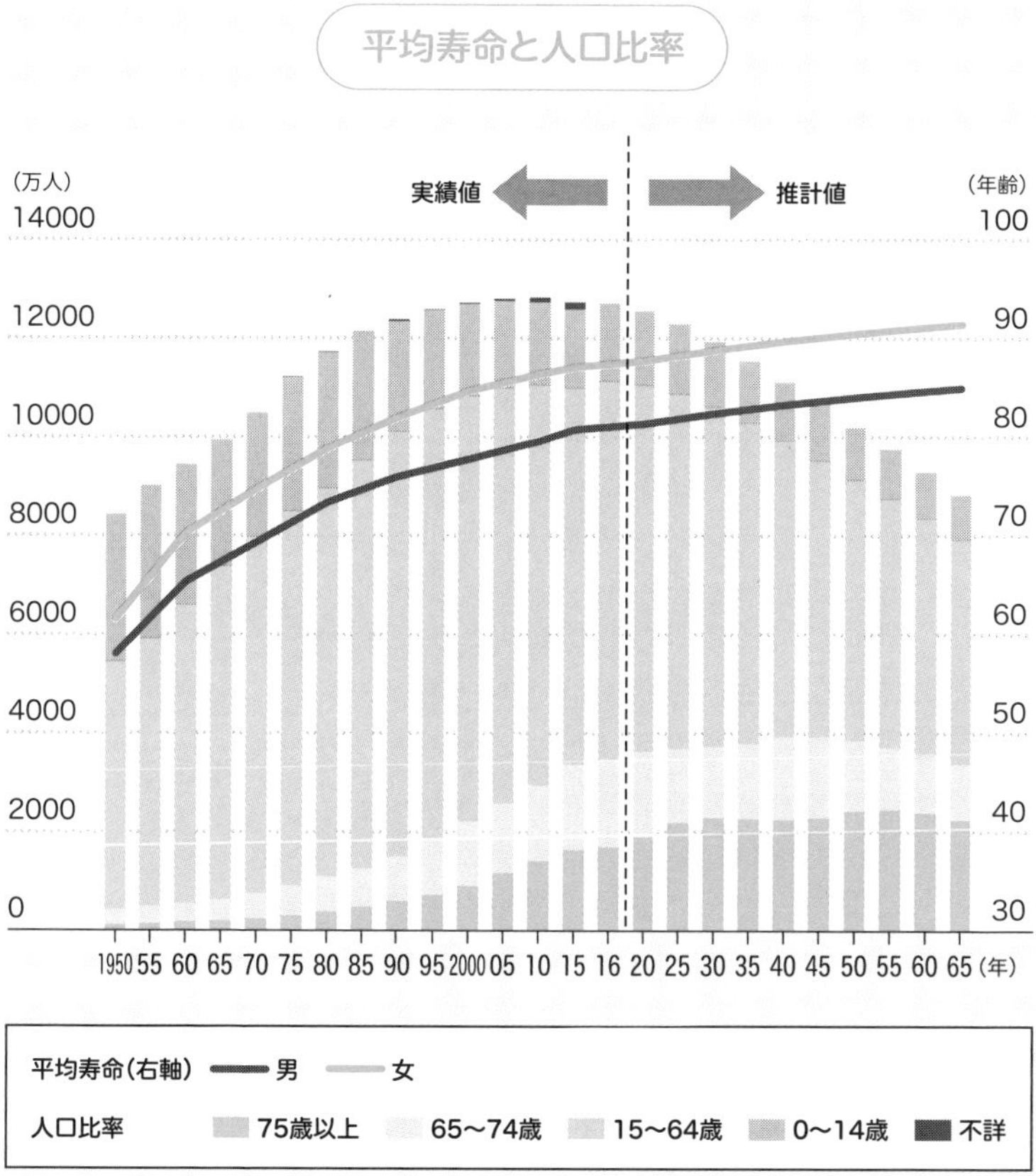

資料：2015年までは総務省「国勢調査」、2016年は総務省「人口推計」（平成28年10月1日確定値）、2020年以降は国立社会保障・人口問題研究所「将来推計人口（平成29年推計）」の出生中位・死亡中位仮定による推計結果

（注）2016年以降の年齢階級別人口は、総務省統計局「平成27年国勢調査　年齢・国籍不詳をあん分した人口（参考表）」による年齢不詳をあん分した人口に基づいて算出されていることから、年齢不詳は存在しない

たとえば**会社員と専業主婦（注）だったご夫婦の場合、年金収入だけでは年間でだいたい100万〜150万円不足する例が多い**ようです。

少し前、女性の平均寿命が80歳くらいだったころは（1980年代）、定年後に生きるのが約20年間ですから、年間100万円足りないとして単純計算で老後の総不足額は2000万円。以前は年金も60歳からもらえましたし、退職金が1500万円出て、不足分を補う貯蓄があれば、なんとか最後までやっていけそうな額でした。

しかし**人生90年で定年後が30年あるとすれば、総不足額は単純計算で3000万円、100歳まで生きれば4000万円です**。2000万円も不足額が増えたのです。

そのうえ、年金も満額支給になるのは65歳からですし、**1961年4月2日以降に生まれた男性・1966年4月2日以降に生まれた女性では、65歳になるまで年金ゼロです**。退職金もひと頃よりは抑えられています。これに医療費や介護のお金の心配が加わったら、確かに大変になりますよね。寿命が長くなったことと、年金や退職金が変化してきたことによって、**定年後のお金事情はたしかに大きく変わったのです**。

（注）扶養の範囲内で働いていた人を含む

「定年夫婦」の人生イメージは変わった！

平均寿命が男65歳／女70歳だった1960年ごろは、定年も55歳。その後平均寿命は劇的に伸び、昭和の終わりには定年が60歳に。当時の平均寿命は男75歳／女80歳。どちらにしても、「定年後」の持ち時間はだいたい20年、というイメージ。しかし現在は、平均寿命が女性は90近く、男性も85近い。持ち時間は30年と一気に延長。将来の「人生100年時代」を考えると、40年とも考えられる。年金などの標準収入では「定年夫婦」は年間100万円足りないというが、それが30〜40年続くとなると、補うべき金額も大きい

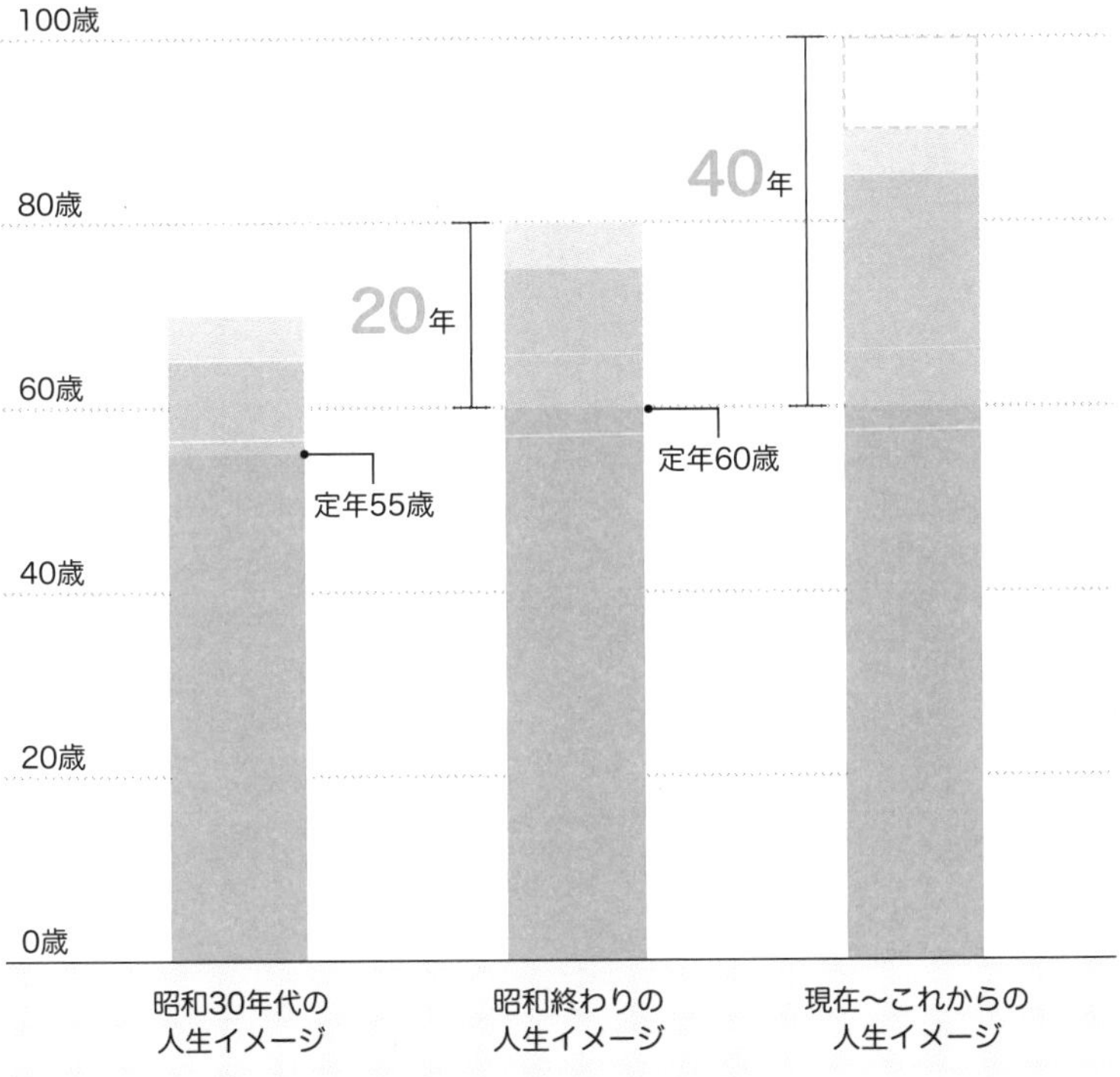

世の中の変化に合わせて生き方、考え方を変える！

長寿化につれて、老後の必要資金は確かに増えています。でも、だからといって、**「楽しむことは二の次、三の次にして、今のうちに1円でも多く貯める！」が正解でしょうか？**

いいえ。

長く生きるためにたくさん準備するというのには無理がありますし、長生きする可能性を考え始めたらいくらあっても不安が消えず、キリがありません。

人生100年時代には、お金だけを考えていてはだめ。定年後をどう生きるか、生き方、考え方を従来とは変えることが重要です。

「長生きするようになったからたくさんお金を準備する」ではなく、**「長生きするようになったからお金の準備のしかたを変える」**のです。

条件を変えるにあたっては、心の安定、そして体の安心も考慮してください。

お金のことばかりを考えて、パートナーも自分自身も納得しないまま、暮らしの無理を続けていたら、心が荒《すさ》んでしまいます。

また、体、健康の安定が保てないのでは、人生を楽しむのは難しいですし、お金の不安もふくらみます。

むしろ、心が豊かで自由になる生き方、体のケアの面からも安心していられるあり方を模索することが、お金の安定ともつながるのが理想ですね。

「心・技・体」ではないですが、定年夫婦は**「心・金・体」**。この3つをバランスよく整えて、長生きを喜べる、幸せな「人生100年時代」をご夫婦で謳歌《おうか》しましょう。

「長生き人生」のための
考え方シフトを、先輩の例に学ぶ

人生100年時代の新・常識。これまでとどこが違う？

定年後の生き方を変える、と言われても、何をどう変えるのかわからない、というのが本当のところ。長い間「人生80年」態勢で来た私たちにとって、そのイメージを変えるのは簡単ではありません。ここで、いくつかの大きな常識の転換について、取り挙げてみましょう。

サッサとリタイア、定年後は会社にオサラバ！ の理想は、もう古い

定年後も会社まわりで働く人を若いころは「会社にしがみついて」などと思っていた人もいるかもしれません。でも、**年金受給が65歳からに変わって、事情は一変**しました。男性も女性も一部の「報酬比例部分」がもらえる場合を除けば基本的に「**65歳**

までは無年金」。５年も無収入でいられる人は、そんなにいませんね。もう、60歳でスパッと仕事を辞めることは難しい時代なのです。国の政策もあり、会社も、「再雇用制度」を整えてきました。

精密機械メーカーにお勤めのＦさん（57歳・夫）。40代で「再雇用制度」の話を聞いたときは否定的でした。でも、50代後半の今、Ｆさんは「多分、自分も再雇用制度を利用するだろう」と思っています。「リアルに考えたら、年金収入がない分のカバーは必須です。あと、定年直後の税金負担もけっこう重いですよね。これをカバーできるだけでも大きいですね」。当初は週５、翌年から週３に変えて、働きながら、60代後半になってもできる、次の仕事を探したい、と言うＦさん。70歳までは、形を変えても働き続けたい、とも。「夢の海外旅行も、退職前に年休を一括消化して、実行に移すつもり。妻も日中は近所で働いていますし、『急に毎日家にいられるよりずっといい。どんどん稼いで！』と応援してくれています」。

もちろん現役時代とは待遇や仕事にも差があるなど、問題もあります。でもチョイスとして、「**今の会社で再雇用で働くのも悪くないよね**」という傾向は進むでしょう。

一方、理想は「独立」という人も多いですよね。現役時代のキャリアを生かして、またはずっと温めてきた特技を生かして、独立するのも理想のあり方。それを目指して準備するのもまたひとつの手。実例などを交えて、4章でお話ししましょう。

高年齢で現役、が「カッコいい」時代に

年齢を重ねて、かつ現役で活躍されている方の著書が売れていますね。作家の佐藤愛子さん、書家の篠田桃紅さん、ちょっとお若いけど医師の鎌田實さん、などなど。これから直面する長寿社会を先取りしている先達のお言葉ですから、聞きたくなるのは必然だと思います。

そうした文化人は特別な存在で、一般の人が年を重ねてまで働くのは、極端に言えばみっともない、みじめ、とネガティブな見方をする人も少なくないでしょう。

でも、人生100年時代。生活の余裕や収入の安定には、月に1万～2万円が入るだけでもサポートになります。もうひとがんばりして、**ひとり4万円、夫婦で月に8**

万円の収入があれば、寿命が延びた分の立派な補填になります（詳しくは4章へ）。

現役時代とは違う肩の力を抜いた働き方ができたり、利益や出世志向でなく社会に良かれという働き方を模索できるのも、セカンドキャリアのいいところ。男性だけではありません。女性でも、60代、70代でも、元気に働く方が増えています。

楽しく働いて、頼りにされて、お金も自由になって、生き生きとしている同世代がこれからどんどん増えるとしたら？　そのとき慌てないためにも、**「定年ワーキング夫婦」**の可能性も検討しておきたいですね。

老後資金の準備用商品は「年金保険」だけじゃない

マネー情報が世につれて変わる中、年金の準備といえば「年金保険」という以外、そのものズバリの商品はありませんでした。でも、ここにきて事情は変わっています。

国も「年金の支給額が十分ではないときに、自分で備えられる人はぜひどうぞ」と思っているようですね。税制の優遇が得られる、有利な制度が作られています。ｉＤｅＣｏ、つみたてＮＩＳＡはその代表。それらの情報を持っている人、いない人で、おトク度が全然違います。まずはしっかり知識を身につけましょう。その情報は、4章で！

「定年後は夫婦一緒に」もほどほどがいい

時間が自由に使えるようになった「定年夫婦」のおふたりが、楽しみを共にするという姿勢は素敵です。ただこの先、思ったより長く一緒にいると思ったら？　あまり狭い世界を作ってしまうと、そのうち息がつまりそうですね。どちらかが他界したりすると、残された人が社会とつながっていない場合も大きなリスクです。

「定年夫婦」５年目のＳさんご夫婦。65歳の夫、63歳の妻、それぞれがセカンドキャリアで週３回ペースで働いています。お休みの日が合うウイークデイは週１日だけ。「でもそれくらいが程よいんです。私も友人との外出も多いですしね。そのかわり、お互い週末を３連休にして、夫とも小旅行を楽しんでいます」と言う妻のＳさん。

仲がいい夫婦ならこそ、それぞれの時間も大事にして、夫婦だけでなく、友人とも一緒に楽しめる関係を作れるといいですね。「『定年夫婦』がうまくいく秘訣」は6章で。

今どきの60歳、気分年齢48歳でOK！

見かけも物腰も、「若いなあ」という定年世代が増えています。

それもそのはず。考えてもみてください。人生が100年になったとしたら、いろんなことが20年先送り。年齢だって、60歳のときに、40歳くらいの気分でいいんです。

でも、さすがにそれでは気が若すぎ、というのであれば、**実年齢の8掛け**でしょうか。60歳でも気分年齢は48歳ぐらいが妥当かもしれませんね。

48歳なら、まだまだ働けるし、新しいことにチャレンジもできる。「もう○歳だから」「定年世代だから」と考えないで、「実年齢の8掛け歳」の気分で若々しく暮らしましょう。

「定年夫婦」の不安をなくすために役立つ、お金についての「3つの約束」と、その活用法とは

これさえ守れば大丈夫。お金についての3つの約束

「長生きすることがわかったから、お金の準備のしかたを変える」

というのが、〝お金に困らない「定年夫婦」〟のやりかたです。

早速お金の準備のしかたを説明したいところですが、

その前に、ひとつみなさんと共有しておきたいことがあります。

お金と暮らしの考え方を変えるとしても、大前提となる

「3つの約束」が、それです。

私が、「これさえ守れば一生お金で苦しむことはない！」と思っている、お金と上手につきあうための約束は、次のとおりです。

① 入ってくるお金で生活をする（収入の範囲で暮らす）

② 借金しない

③ このふたつを一生続ける

一見して「当たり前のことじゃない？」と思うかもしれません。そうですよね、当たり前のことです。

でもなぜか、定年後の生活では、この約束から離れてしまいがちな人も多いのです。

それは、**「これまでなんとかなってきたから」という、現役時代の発想から切り替えられていないから**。でも、〝お金に困らない「定年夫婦」〟になるのであれば、ここでしっかりと切り替えることが重要です。

3つの約束、「定年夫婦」は3つめが大事

まず、収入の範囲で暮らす。これ、毎月のお給料以外にボーナスがあるなど、そこそこの余裕資金があったサラリーマン家計には、意外と難しいんです。

定年後は年金が収入源という人なら、その範囲で暮らすしかありません。それではは生活できないというなら、どうするか？　そこからが、発想の変えどころ、です。収入を増やす？　支出を減らす？　そのいずれか。または両方で。借金はいけません。

借金はと言えば……、**住宅ローン以外にお金を借りるのは、そもそも私は絶対反対**なんです。もちろん住宅ローンやお子さんの教育ローンをすでに抱えている人も少なくないでしょう。それは、毎月の収入で返せるあてがあるから借りたのですよね。

であれば、**定年世代は借金はできませんね。借金をしていいのは返せる人、つまり、日常の生活費などを使っても余るほどの十分な収入がある人だけ**で、年金がメインの生活に入るなら、その余裕はないと思うべきでしょう。

お金についての3つの約束

1 入ってくるお金で生活する（収入の範囲で暮らす）

収入が足りなければ、支出を抑えるか、収入を増やせば問題ない

2 借金をしない

手元にお金がないのに利息を払ってまで買い物を？　1の約束を守りましょう

3 そのふたつを一生続ける

小さな逸脱から家計が暗転することも。「生涯安心」のために、基本を厳守して！

自動車ローン、カードのリボ払いも立派な「借金」。絶対にやめてくださいね。**すでに借りている住宅ローンなども、なるべく早く負担を減らして**楽になりましょう。そのための具体的な対策は、３章でお話しします。

そして、しつこいようですが、大事なのは、「**入ってくるお金で暮らす。借金をしない。このふたつを一生続ける**」ということです。

前のふたつの約束は、一見あたりまえのことに思えますが、もし一度でもこの原則を踏み外してしまうと、すぐさま、家計に影響が出ます。うっかり余分にお金を使ってしまっても現役時代はすぐ取り返せましたが、それをやってしまうと、後々影響が出るのが、「定年夫婦」家計。なので、「一生」続ける必要があるのです。絶対に忘れないでくださいね。

この「３つの約束」は夫だけが知っているとか、妻がガッチリ守っている、というのではなく、**夫婦で共有して守ることが大切です**。妻と夫、パートナー同士はお互いに違う個人ですが、励まし合い、各々考えて対処すれば、**ひとりの考えでは足りない部分や逸脱を補い合うことができます**。それこそ「定年夫婦」ならではのメリットですね。

そして将来のために**お子さんにも「3つの約束」を共有しておくとよい**でしょう。それはお子さんにとって、なによりも大事な**財産**になると思います。

この３つの約束を念頭におくこと、同時に、３つの約束を守る術《すべ》を知ること、それが定年後を幸せに生きる第一の法則です。

そんなの簡単、と思うのか、「そ、それは……」とドキドキするのか。どちらでしょう？

実は、この約束が守れなかった方々の例を、次のページから2例、ご紹介しています。ぜひ参考にしてください。それぞれの失敗を避ける方法も、のちほど解説しましょう。

「人生１００年時代」の生き方にむけてしっかり頭を切り替えたところで次の章から、具体的なステップに進みましょう。

困った困った「定年夫婦」

Aさん夫婦の場合

老後イメージを更新できないまま自制を忘れた結果…

大手メーカーに勤めていたAさんが30代のころに雑誌や本で見かけた記事にはこうありました。「アメリカ人の老後の理想は〝アーリーリタイアメント〟。たくさん稼いでたくさん貯めて、事業は人に譲って自分は遊んで老後を暮らす」。優雅な老後を語る話に心を動かされたAさん、「やがては自分も！」と余裕の老後を夢に描き働いてきました。

もちろん、事業家などではないため、その資金はがんばって働き、少しでも貯めるしかありません。短期間の旅行は無駄、定年後にまとめて行こうと、レジャーもやめてお金を貯め、定年を迎えるときには4000万円の貯蓄を用意できました。退職金はローンの返済に消えても、これだけあればまあ余裕でしょう、と思っていたのです。

Aさんの会社には、「再雇用制度」もありましたが、「会社にしがみつくなんてバカバカしい」と、それも蹴り、まずは夢の船旅へ。船で出会った人たちは、まさに〝夢のリタイア族〟。贅沢に人生を楽しんでいます。3か月にもわたる旅先で、彼らの生き方にすっかり感化されたAさん夫婦は「この旅の間だけは」「この日のために我慢してきたんだから」という思いで、少し身の丈を超えた贅沢を覚えてしまいました。

旅から帰っても、おつきあいは続きます。車は外車、手土産は高級ワイン、旅は会員制リゾートで、という夢のリタイア族の暮らしぶり。ついついAさん夫婦も勘違い。車を外車に買い換え、リゾート会員権も購入してしまいました。65歳になって年金が満額出ても支出がオーバー。貯蓄の取り崩しもどんどん進め……。不安になったAさん、仲間に勧められた株に、貯蓄の残りの大半を投資することにしました。

そうこうしているうちに、気づけば60代後半に。手もとに残った貯蓄はわずか。なんと株も暴落して価値が半減。旅に出かけたくても、貯蓄の残高を考えると二の足を踏むようになりました。一時とは大違いの地味生活もしかたありません。どちらかが病気になった場合を考えると、心配で気持ちが暗くなります。少し前までは「働かない？」と声をかけてきてくれていた元同僚からも音沙汰がなくなり、働こうかと求人を見ても「自ら蹴った再雇用より条件が悪い」と思うと、一歩踏み出す気にはなれなくて……。

この先、入ってくるお金は年金だけ、その年金も今後、社会保険料の値上げなどで手取りが減る可能性も大きい……、などと実感するにつけ、不安が増すAさん夫婦。人生100年時代、という言葉を耳にするたびに、「自分の考え方は古かったのかもしれないなあ」と、胃がキュッと縮むような思いをしています。

⬇ Aさん夫婦にならないための提案は、148ページで！

困った困った「定年夫婦」

Bさん夫婦の場合

「収入の範囲で暮らす」という原則を忘れ、安易にローンを借りた果てに…

40代で自宅を購入、1000万の預金もできたBさん夫婦。子どもふたりの中学・高校は公立でも大学は私立に。子どもが独立後はお金を貯めて……と皮算用していました。でも現実は厳しいもの。公立に通わせても塾に受験に、教育費は思ったよりかかり、大学入学のときには親戚から学資分を借りました。「退職金で返せる額だから」。その時点では帳尻は合っているつもりでした。「人生100年時代」という発想はなかったのです。60歳で退職。借りた学資分を返済し、残った退職金と年金で悠々自適……のつもりでしたが、ふと家のリフォームを思い立ち、資金計画の相談に訪ねた先でFP（ファイナンシャルプランナー）に、自分たち夫婦のキャッシュフロー表（左図）を示されて愕然としました。「え、70歳で貯蓄がなくなる?」。0円ラインを割り込んだグラフ。赤字は歴然です。どんぶり勘定で使っていた退職金もすでに消滅目前。もはやリフォームどころではありません。「人生100年時代」の今後をどうする? という別の目的で真剣にFPと検討中です。

⬇ Bさん夫婦にならないための提案は、111ページで!

貯蓄残高の推移１

Bさん夫婦は60歳定年退職まで会社員だった夫とずっと専業主婦の妻。子どもたちの学資計800万円は親戚に借り退職金で清算（借り入れ分はグラフに反映せず）。

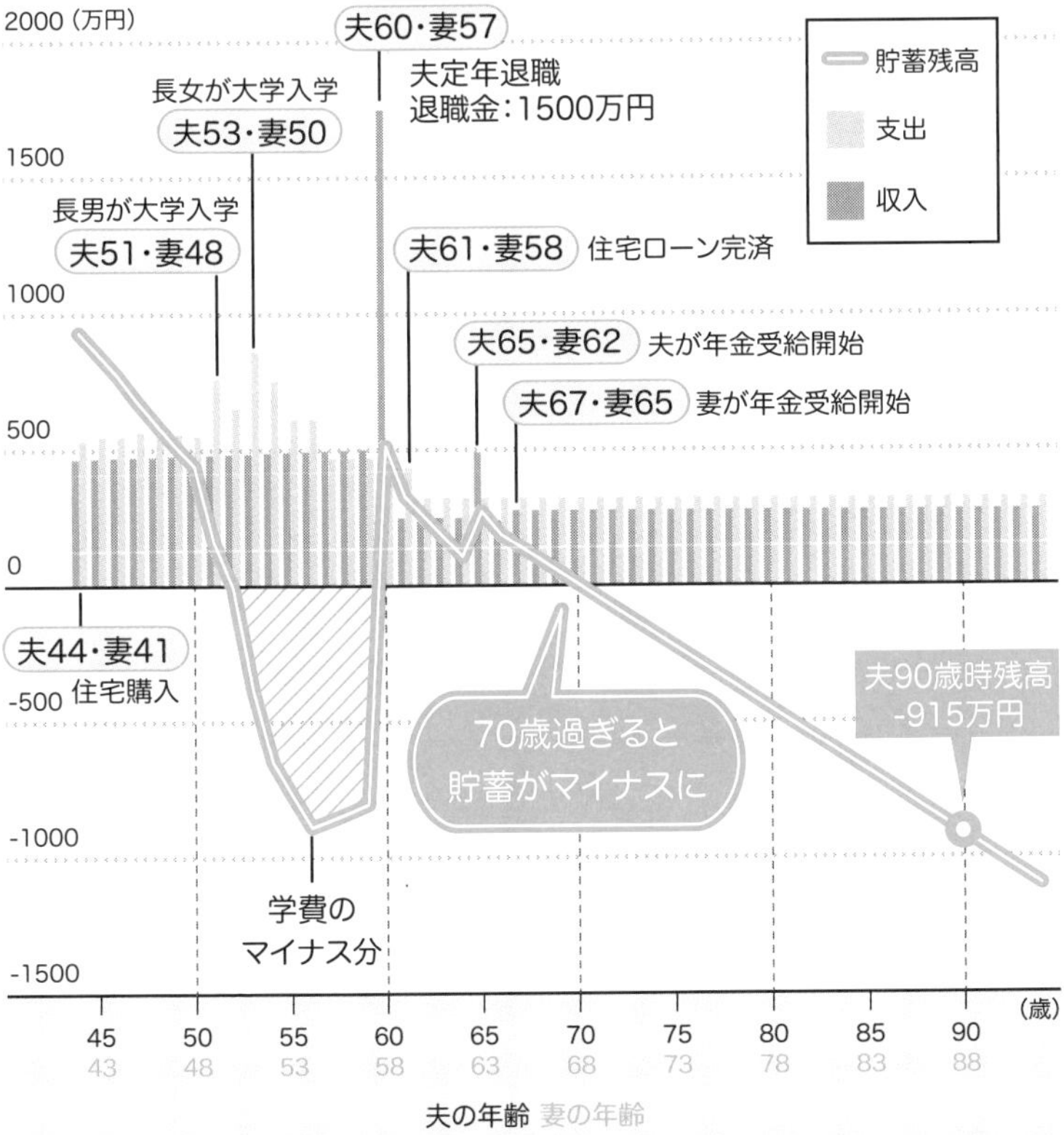

◎1章のまとめ

◎定年後の暮らしの不安を煽る言葉に惑わされない

◎人生100年時代、「定年夫婦」時代は少なくとも30年は続くと認識して

◎長くなった「定年夫婦」時代への備えには、今までと違う発想を身につける

◎とはいえお金の原則は不変。井戸式「3つの約束」を必ず守る

入ってくるお金で生活する
借金をしない
このふたつを一生続ける

◎「3つの約束」は、「定年夫婦」で共有し、補いあって実践する

◎子どもにも「3つの約束」を教えて豊かさの継承を

第2章

定年後資金は、「足りない分だけ」用意すればいい

定年後、「定年夫婦」は、いったいいくら必要なのだろう？

人生100年時代の発想転換はまず、お金から

定年後の生活を不安なく過ごすために、発想を変えたうえで、お金の準備をする。

では、どう変えるのでしょうか？

「定年夫婦」のお金計画。多くの人がしているのは、

「必要なお金を多めに見積もって、その金額分を前もって準備しておく」

という備え方でした。

でも、この人生１００年時代に、不安がなくなるほどのお金を準備するのは、どんな人にとっても大変なことです。プレ定年世代、特にカウントダウンの始まった50代

のみなさんに至っては、**「そんなこと、急に言われても困るんだけど……。そもそも無理だし」**という思いもあるでしょう。

そこで発想の転換です。

「とにかく必要そうな額を多めに準備する」のでなく、
「準備すべき金額をスマートに精査して、足りない分だけ用意する」へ。

定年後の暮らしに「必要なお金」とは、何のためのお金でしょう？

毎月の生活費や医療や介護にかかるお金などは、もちろん欠かせません。加えて、年に一度は海外旅行に行きたい、でも、もしものために保険にもたくさん入っておきたいし、家だってリフォームして。あ、そうだ。子どもが結婚するときにはお金を援助してあげたいから、その分も残しておかないと……。

そんなふうにとめどなく考えていると、「必要なお金」はどんどん膨らみます。でも、実は、定年後の生活には不必要なお金、削れるお金がたくさんあります。お金の使い道をスマートな視点で見直せば、支出は意外と抑えられるのです。

そして、**「足りない分を用意する」**。まずは貯蓄。最新のお得な方法で現役時代からお金を準備し、さらに心配なら無理のない範囲で働くなど、収入を増やす。そうすれば安心して「定年夫婦」を満喫できます。社会の変化に対応するには工夫が必要ですね。

定年後の備えには、いくら必要か？ を割り出すには

では、その「足りない分」はいくら？ 具体的な家計で考えてみましょう。

1 定年後の年間支出額を検討し、「必要額」を知る
2 定年後の年間収入を知る
3 年間支出から年間収入を引き、余命年数をかける。それに臨時出費額を足す。得られた数字が「定年夫婦」の必要総額。

ちょっと面倒そうですか？（笑） それならまずは、できるだけ簡略にできる方法でご紹介しますね。きちんと確認したい方には、その方法もじっくりご説明します。

お金の検討や管理はできるだけ「夫婦ふたり」で行う

ここで提案です。ご夫婦の必要額を見極める作業のときに、ぜひ試みてほしいのは、**「ご夫婦ふたりでその作業に取り組むこと」**です。

「妻に数字はわからない」なんて言っていると、家計費で妻に協力を得ることなんてできません。「夫にごちゃごちゃ言われるのはいや」、と思う妻もいるかもしれませんが、黙っていると、今後の家計のことなど考えずに退職金で勝手に大きな買い物をしてきたり、妻を喜ばせようと豪華旅行を契約してきたりしかねません。

お金を管理するのはそれなりに負担もかかりますから、**情報と責任を共有する**ことでひとりひとりの負担も軽くなります。どちらかだけが「危機感」や「使命感」に満ちてしまってからでは、もうひとりがついていけなくなる恐れもありますよね。

なによりも、これを機に「夫婦のこれからの生活」を見つめておくことは、今後の生活をコントロールするのに、とても役立ちます。

もちろん夫婦により、それぞれの事情もあるでしょうから、「できるなら」ですが。

作業を最初から一緒にするのは無理な場合でも、途中からでもいいので、ふたりで作業ができるといいですね。結論や指示だけを言われると、ついつい反発したくなるもの。過程を少しでも共有すれば、当事者としての意識で協力しやすくなるでしょう。

「定年夫婦」の必要額、そして足りない額を知る

定年後に必要なお金は大きく分けて3つ

まず、**それぞれの「定年夫婦」にとって、「本当に必要なお金」はいくらなのか?** を見つめたいと思います。

定年後のお金として必要なのは、主に次の3つです。

1　基本生活費

2　医療と介護など備えのお金

３　イベント資金（楽しみのためのお金）

重要なのは、この3つの優先順位。3の「イベント資金」は、1・2を確保したうえで余裕があれば、ということになるのは、覚えておいてくださいね。

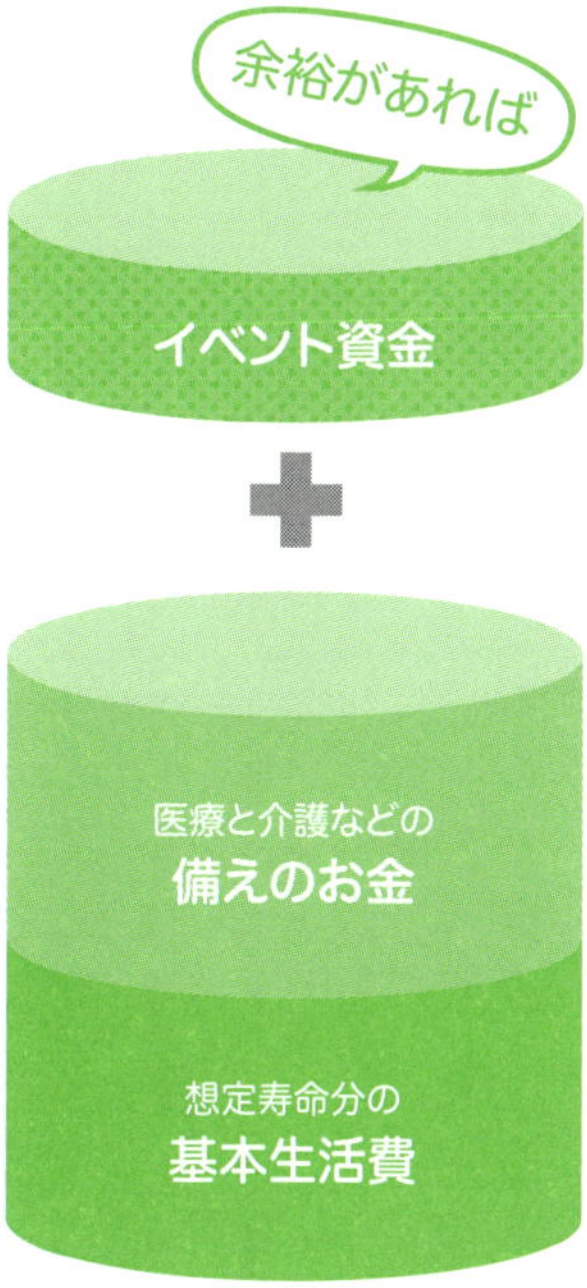

基本生活費の目安とは？

この優先順位の1、基本生活費を、月額で考えてみましょう。まずは参考のために、統計をご紹介します。生命保険文化センターの意識調査（２０１６年）では、「夫婦2人で老後生活を送る上で必要と考える最低日常生活費月額は平均22・0万円」、さらに「ゆとりある生活のために必要な費用」を加えた場合は、「夫婦2人で月額約35万円」となっています。総務省の家計調査年報（左図・２０１７年）を見ると高齢者夫婦無職世帯の1か月の支出平均は約26万円強です。さてこの額、多いと見るか、少ないと見るか。

同じ調査で65～69歳の世帯の平均収入は、約21万円。約5万５０００円の不足ですね。先に紹介した「最低日常生活費月額」にも、少し足りない額です。さらに「ゆとりある生活」の必要な費用、35万円を考えるなら、10万円以上のギャップを埋めなくてはならないことになります。一般的には、月22万円～35万円の生活費でも、不足が出てしまっているということですね。

高齢夫婦無職世帯の収支は？

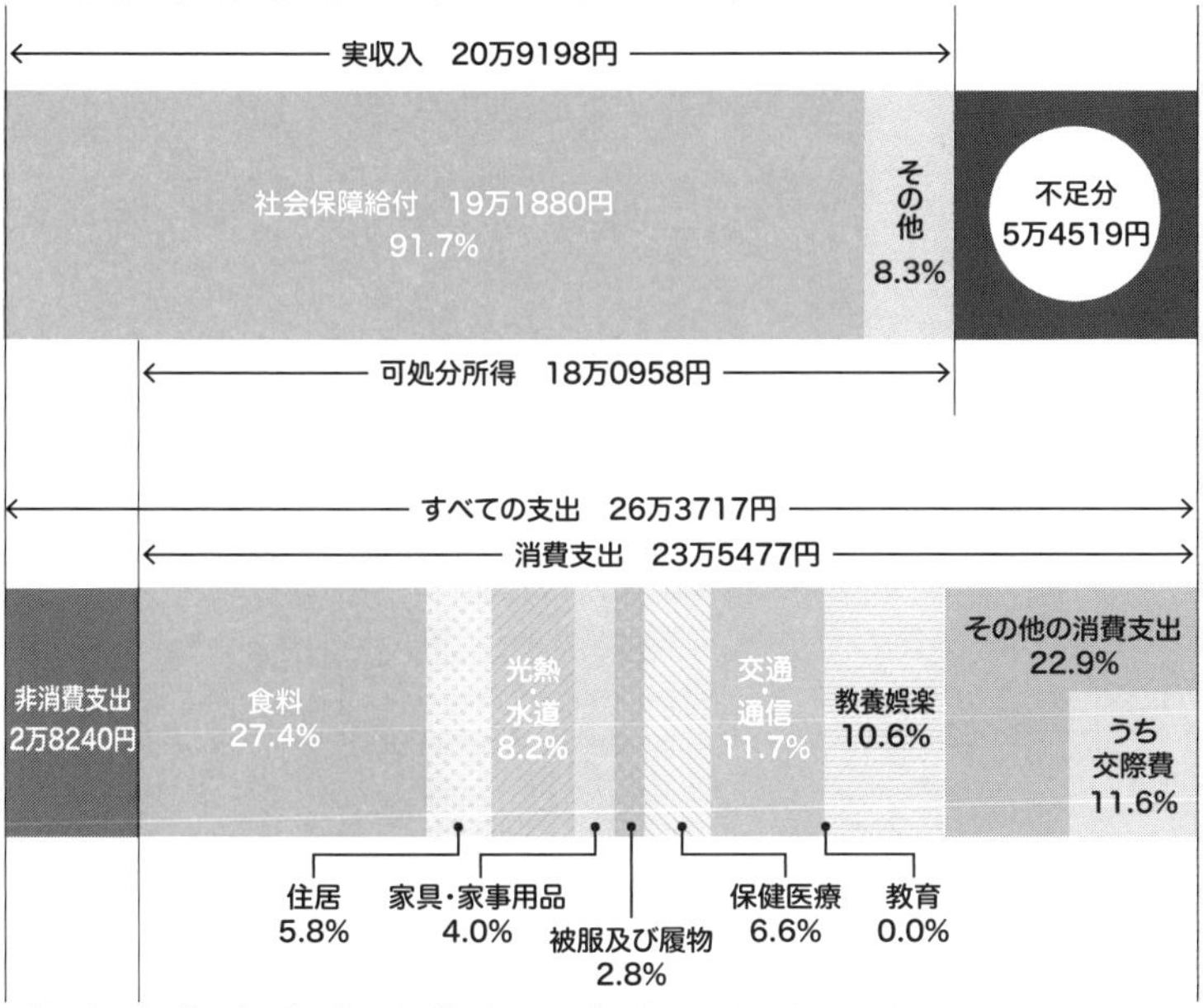

2017年総務省家計調査

（注）1.高齢夫婦無職世帯とは、夫65歳以上、妻60歳以上の夫婦のみの無職世帯である
2.図中の「社会保障給付」及び「その他」の割合（%）は、実収入に占める割合である
3.図中の「食料」から「その他の消費支出」までの割合（%）は、消費支出に占める割合である

「定年夫婦」家計、目安は現役時の「基本生活費」を7掛けで

データの数字は参考になりますが、個々の定年夫婦の基本生活費も収入も、それぞれに異なります。そこで、「定年前→定年後」の出費のシフトの目安をお教えします。**定年後の月額基本生活費は、定年前の生活費の約7割が目安。**

もちろん、定年前後の収入ギャップが大きい人は、実際には6～4割に出費を抑える必要もありますが、試算の目安として、まず7掛けで考えてみてください。なんとなくイメージできたでしょうか？

簡易版・「定年夫婦」の必要総額、早わかり式はこれだ！

定年後の「基本生活費」の年額に「年単位の出費」額を加えた「年間の生活費」を、ご自身の「定年夫婦」予定収入、つまり年金などの年額と比べてみると、年間でざっくりどれくらい足りるか／足りないか、がわかります。さらに、長い「定年夫婦時代」

定年後の必要総額・簡易試算公式

毎月の基本生活費 ＿＿＿＿ 万円 × 12か月 ＋ 年単位出費 ＿＿＿＿ 万円
（現役時の毎月の生活費×0.7）　（ボーナス払いのローン・臨時出費）

＝ 年間の生活費 ① ＿＿＿＿ 万円

（① ＿＿＿＿ 万円 － 夫婦ふたりの年金額×0.9 ＿＿＿＿ 万円）

× 24年（夫・60歳から平均余命までの年数）

＝ 夫婦ふたり期の生活費不足額 ② ＿＿＿＿ 万円

① ＿＿＿＿ 万円 × 70%*1

－（妻ひとりの年金額＋夫の厚生年金額×0.75） ＿＿＿＿ 万円
（遺族年金*3）

×（男女の平均余命の差 5.0年*2 ± 夫婦の年齢差＿＿＿＿年）

＝ 妻ひとり期の生活費不足額 ③ ＿＿＿＿ 万円

② ＿＿＿＿ 万円 ＋ ③ ＿＿＿＿ 万円

＋1600万＋イベント資金 ＿＿＿＿ 万円
（医療と介護などの備え800万×ふたり分）

＝ 定年後の必要総額 ＿＿＿＿ 万円

＊1　妻ひとり期の必要生活費の割合。夫婦ふたり期の生活費を100%としたとき→70%とする
＊2　60歳からの平均余命（平成28年簡易年表より）
男性／夫→生存余命23.67年 余命約24年、女性／妻→生存余命28.91年 余命約29年
男女平均余命の差　5.0年
＊3　夫が厚生年金受給者で、妻は自身の厚生年金と、いずれかを選択（155ページ参照）

を支えるためには、「医療と介護などの備えのお金（詳細は5章）」や「イベント資金」も必要です。なので、全体を簡易な式で計算してみました（55ページ参照）。

年間の生活費（月間基本生活費を12倍＋年単位出費）から、年金額（手取り分で0.9倍・ふたり分）を引くと「年間不足額」が出ます。それを、男性の平均の余命年数分かけたものと、妻ひとりになった場合の年間不足額を女性の平均余命年数分かけたもの、「医療と介護などの備えのお金（暫定額800万円をできればふたり分）」と「イベント資金（ふたり分）」を足せば、「簡易版・『定年夫婦』の必要総額」が出るのです。

この金額を、退職金と貯蓄・金融資産でまかなえれば、大丈夫です！

妻が長生き設定なのは、統計的な平均寿命で考えてのこと。また、そのほうがより厳しい試算になるため、その設定で見ておけば安心です。

え、まさか年金額をご存知ない？　いえ、そういう方は私がこれまで相談を受けてきた「プレ定年夫婦」の方々でも珍しくなかったので、驚きません（笑）。

そういう方は、72ページからしっかり説明しますので、そこでご確認くださいね。

さあ、どうでしょうか？　定年後のお金、大丈夫そうですか？

私がこれまで相談を受けた例では、「足りない……」と、青ざめる方も少なくありませんでした。それは当然です。これまでの準備は、「人生80年時代モデル」。夫が85歳、妻は90歳ぐらいの想定で考えると、**10年分くらいは足りなくて当然なのです。**

だから、多くの方に「家計のスマート化」が必要なんですね。

ただ、暫定額での計算では、あまりにも大づかみ。「定年夫婦」となった時、本当に、毎月の基本生活費を7掛けにできるでしょうか？　そもそも基準にした現在の基本生活費は多すぎませんか？　そこも精査する必要があるでしょう。

なので、イメージをつかんだうえで**ぜひ、このまま詳細を知る作業に進みましょう。**

ちょっと面倒、と思う方や、先を急ぎたい方は、ここから3・4章に飛んで、「家計のスマート化」作戦＝「支出の見直し」「収入を増やす」具体策に進んでください。

"本当に足りない額"を知るために。自分たちの「定年後必要総額」を精査する

今かかっている家計費を書き出す

より正確に必要なお金を出すためには、それぞれの額を「見える化」するのがいちばんです。なので、少し手間がかかりますが、費目ごとに使っている額を、「現在」と「定年後の予想」に分けて書き出してみましょう。

最初に把握するのは、現在の基本生活費です。

毎月決まってかかる住居費（持ち家なら住宅ローン、賃貸なら家賃など）や保険料などの「固定費」はそのまま、食費や水道光熱費など毎月金額が変わる「変動費」はだいたいの平均額を、左ページの表を参考に書き出してみましょう。

生活費：現在と「定年後」の予想

		現在	定年後予想
月収（手取り）		円	円
固定費	住居費	円	円
	車関連費	円	円
	子どもの教育費	円	円
	保険料	円	円
変動費	食費・外食費	円	円
	水道光熱費	円	円
	通信費	円	円
	おこづかい	円	円
	その他	円	円
貯蓄分		円	円
出費額合計		円	円

▼年単位の支出・臨時出費

ボーナス（年額）		円	円
固定費	ローンのボーナス返済（年額）	円	円
	車関連費（月額以外）	円	円
変動費	冠婚葬祭等交際費	円	円
	その他臨時出費	円	円
貯蓄分		円	円
出費額合計		円	円

まとめて年払いしている自動車保険料や、住宅ローンのボーナス返済分、修繕費などの臨時出費分は、1年分の金額にして下段に記載します。

「家計簿をつけていないから支出がわからない」という人もいるでしょう。ここではおおよそで大丈夫。でも、定年前に一度は一定期間、たとえば6か月でも、59ページの表程度のおおまかな分類でいいので記録してみることをおすすめします。これがわかっていると、支出の見直しがしやすいからです。

現在の生活費の記入が済んだら、それを参考に「定年後」の予想も記入しましょう。現役家計と「定年夫婦」家計を見比べると、いろんなことが見えてきます。定年時に住宅ローンの返済が終了している場合、定年後の毎月の住居費はマンションの管理費や修繕積み立て金、固定資産税だけになり、かなり減ります。教育費もゼロになりますし、現役時代ほど被服費もかからないし、交際費も減らせそう……。

そのように具体的にそれぞれの費用を考えていくと、現役時代ほど多くの生活費はかからないことがわかってくるはずです。

お金を「見える化」することで、不要なものに気付けるのです。

定年前後、使うお金が変わってくる

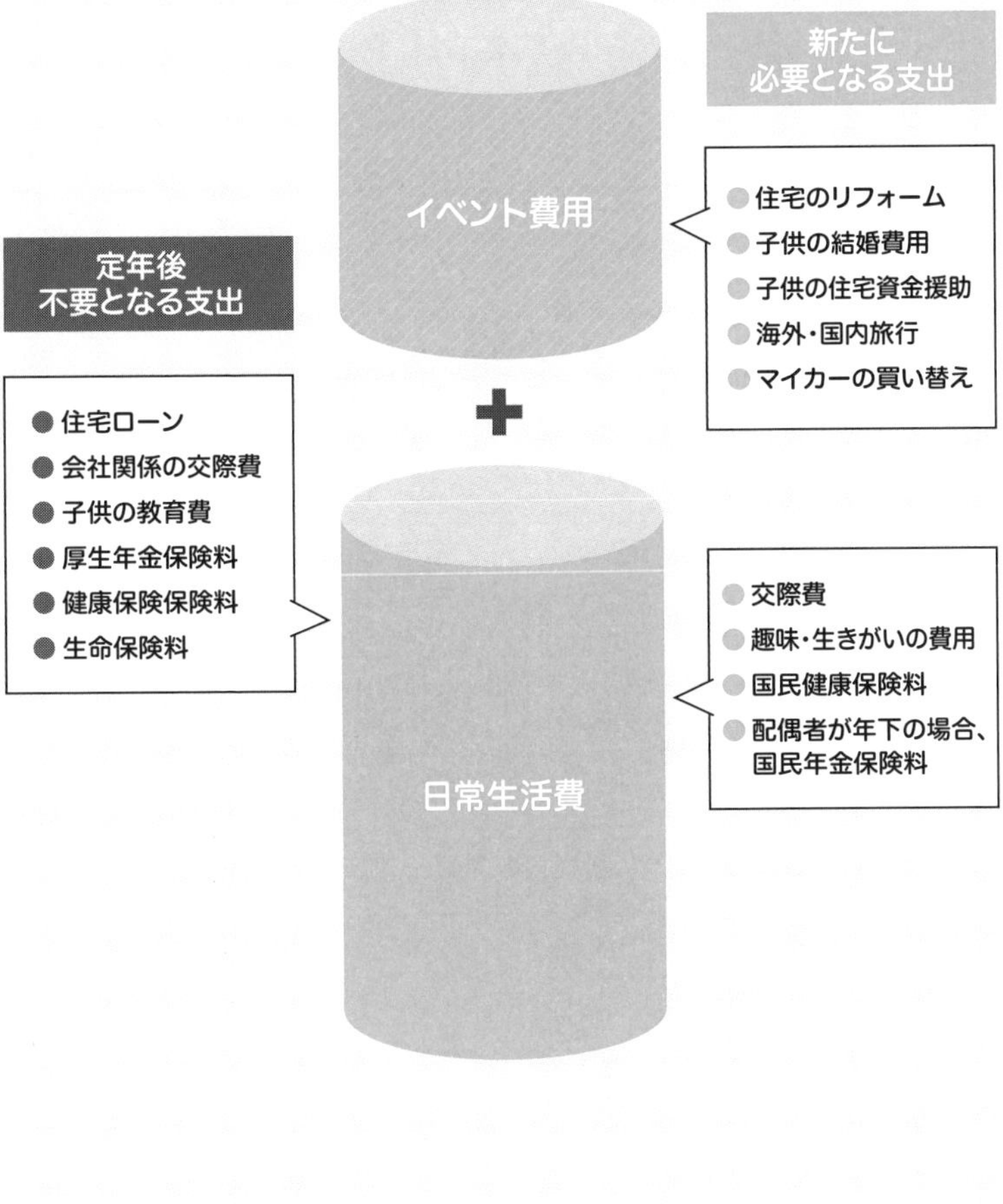
新たに
必要となる支出
イベント費用
住宅のリフォーム
子供の結婚費用
子供の住宅資金援助
海外・国内旅行
マイカーの買い替え
定年後
不要となる支出
住宅ローン
会社関係の交際費
子供の教育費
厚生年金保険料
健康保険保険料
生命保険料
日常生活費
交際費
趣味・生きがいの費用
国民健康保険料
配偶者が年下の場合、
国民年金保険料

月ごとで書き出した支出を12倍して、年額に換算します。そこに下段の年単位の支出を足すと年間生活費です。

「医療と介護などの備えのお金」の予算を立てる

基本生活費の予測が終わったら、備えのお金を考える番です。

「定年夫婦」の支出を考えたときに、一番ブレ幅が大きくて予測しにくいのが、医療と介護にかかるお金の額です。なぜかといえば、病気の心配はすればするほどキリがなく、また、介護は高級化も進んでいるため、上を見てもキリがないから。心配が先に立つせいで、あれもこれもと考えてむやみに予算を増やしたり、せっかくなら手厚く、と実力以上のレベルを希望してしまったりしがちです。

では、本当に必要なお金はいくら、と考えればいいのでしょう？

私は**医療と介護を合わせての備えのお金は、ひとり800万円**、と考えています。

その根拠は、5章でしっかり説明しますが、ザックリそれぐらいあれば、公的なものを中心に、まあまあのサービスが受けられると思うからです。その800万円をベースに、「高級ホームに入りたいから、入居一時金をプラス2千万円」「歯の健康に自信がないので、治療代を300万円加えておく」などと、+αのカスタマイズを。

ただ、いくら希望をしても「ない袖は振れない」ので必要額は絞り込みましょう。

住居関連などの臨時費用は「備えのお金」枠へ

「何年かに一度だけど必要」という出費があります。住まいにかかるお金はその代表。持ち家では修繕費用。だいたいのサイクルでかかる額を概算して足し、〝備えのお金〟に加えましょう。マンションの場合も大規模修繕費があります。かなりの額が徴収される場合もあるので、管理組合に確認して、把握しておきましょう。

賃貸の場合には転居の際にかかる臨時費用も予定しておくといいでしょう。

「楽しむお金」をふくらますのはほどほどに

「楽しむお金」の予算を考えるときに、ぜひ、やめていただきたいのは、「ん、これじゃ旅行に行けないから、生活費を削っておこうか」なんていう**本末転倒な予算管理をする**ことです。

多くの人の相談を受けていて気付くのは、**「お金が足りないのではないか……」とたいそう心配しながら、その一方で「毎シーズン温泉に行きたい!」**とか、**「米寿のお祝いは盛大にホテルで!」**など、大きな出費を伴うレジャーやイベントをやたらと増やして、必要準備額をふくらませてしまうこと。

いろいろな楽しみを考えるのは夢があって良いですが、それが生活を圧迫するのでは洒落になりません。お楽しみの出費を考えるなら、それらに優先順位をつけてください。お金が足りない場合には、順位が下のものから削るなり、個々の予算を抑えるなり、上手に管理するようにしましょう。

意外とわかっていないから確認！定年後、〝確実に入ってくる〟お金

「定年夫婦」の収入を知る

入ってくるお金を把握する

定年後の生活で、「出て行くお金」はだいたい見当がつきました。

では、それに対して定年後に「入ってくるお金」はどれくらいあるでしょう？

ご自身の年金受給額や、会社の退職一時金、企業年金の仕組みなどの福利厚生を確認していますか？「定年後が心配」と言うなら、まず「いくら入ってくるのか？」を知らないと始まりません。ここではまず、それをしっかり確認しましょう。

年金の見込み額は「ねんきん定期便」で！

一般に共通する、「入ってくるお金」といえば、**「公的年金」**です。公的年金は**「終身」**。一生涯もらえる、大切な収入の柱です。

20歳を越えた人なら毎年の誕生月に、はがきで**「ねんきん定期便」**が届いていますね（35歳、45歳、59歳の節目年齢の月には詳細が書かれた「封書」が届きます）。

50歳以上の人なら、年金受給の見込み額はこのはがきを見れば簡単にわかります。50歳以上の方のねんきん定期便には、このまま**60歳まで保険料を払い続けた場合の年金見込み額**が、ズバリ記載されているから（69ページ参照）。

一方、**50歳未満の人**に届くねんきん定期便に記載されている額は、これまでの加入実績による、**現時点での年金見込み額**。今、会社勤めを辞めても、年金を払わなくなっても、最低これだけはもらえる、という額です。今後も保険料を納めていくことで、将来の年金額は多くなります（68ページ参照）。

40代の方が実際にもらえる年金額の目安を知りたい場合は、ざっくりした年金額の目安を73ページの表で確認してみてください。

もっと詳しく、という方には、確認のための裏ワザをお教えしましょう。次の式で、定年まで働いた場合に**増える**分の、おおよその年金額（年額）を算出することができます。

●「平均年収（百万円単位）×今から退職までの年数×5500円」

たとえば今35歳の方が65歳で退職するとして、今後の平均年収が500万円の場合。

5（500万÷100万）×30年×5500=82万5000円

82・5万円が、これからの30年働くことで増える年金（年額）の目安となります。月額にして約6万9000円ですね。

また、国民年金の額も概算できます。次の式がそれ。

●加入年数×2万円

たとえば25歳で加入した方が60歳まで35年間保険料を払った場合。35年×2万円＝70万円で、おおよそ70万円が支給額（年額）です。簡単ですね。

これらは、あくまで概算。詳しくは**「ねんきんネット」**を利用してください。

「ねんきんネット」は、登録すると、24時間いつでもパソコンやスマートフォンから

50歳未満の人の「ねんきん定期便」の見方

2．これまでの加入実績に応じた年金額と
【参考】これまでの保険料納付額（累計額）

	加入実績に応じた年金額（年額）
（1）国民年金	◎ 老齢基礎年金
	390,100円
（2）厚生年金保険	◎ 老齢厚生年金
一般厚生年金被保険者期間	506,700円
公務員厚生年金被保険者期間（国家公務員・地方公務員）	円
私学共済厚生年金被保険者期間（私立学校の教職員）	円
（1）と（2）の合計	896,800円

これまでの加入実績による年金見込み額

今後も保険料を納めることで、**将来の年金額は記載された額より多くなる**

注：例として記載したのは1979年生まれで2019年現在40歳の会社員の40歳誕生日時点での年金見込み額。2001年～2004年3月まで（36か月）の標準報酬月額36万円、2004年4月～2019年4月（180か月）は標準報酬額42万円で試算

〈2019年4月現在〉

50歳以上の人の「ねんきん定期便」の見方

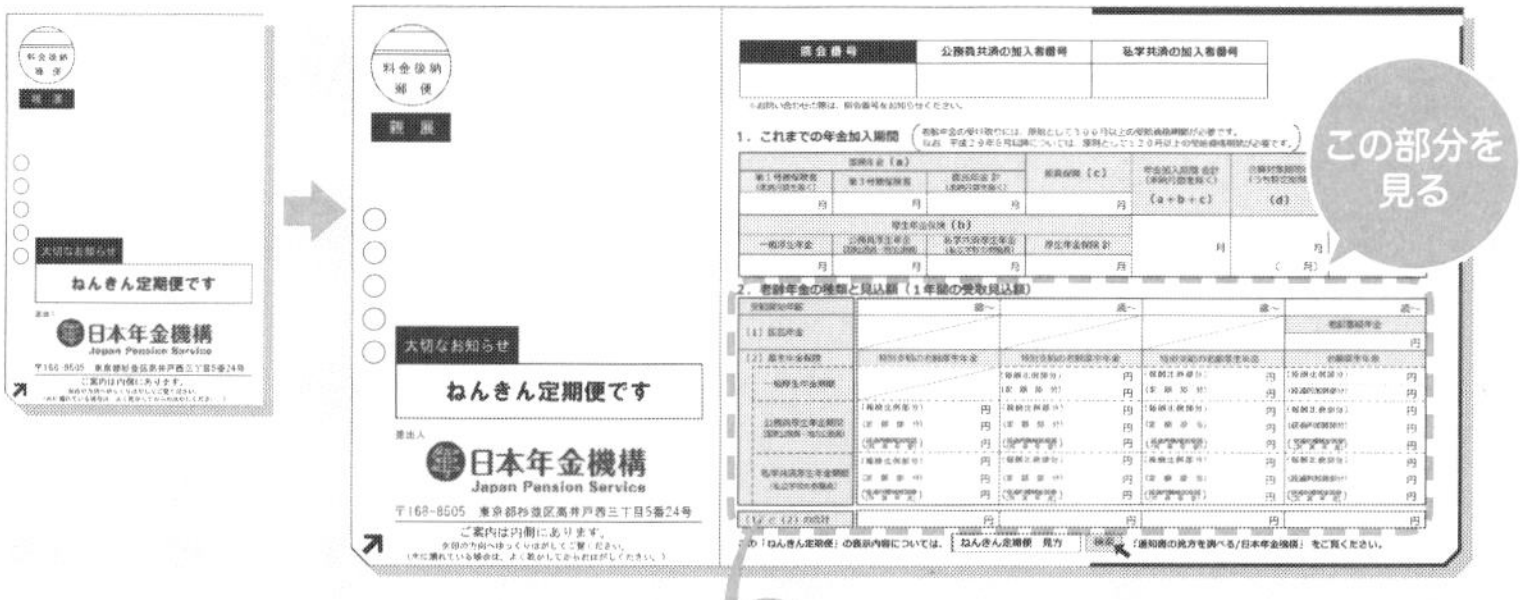

2．老齢年金の種類と見込額（１年間の

受給開始年齢		歳～	64歳～	65歳～
（1）国民年金				◎ 老齢基礎年金
				741,100円
（2）厚生年金保険		特別支給の老齢厚生年金	特別支給の老齢厚生年金	◎ 老齢厚生年金
	一般厚生年金期間	円	（報酬比例部分） 1,183,900円	（報酬比例部分） 1,183,900円
		円	（定額部分） 円	（経過的加算部分） 円
	公務員厚生年金期間（国家公務員・地方公務員）	（報酬比例部分） 円	（報酬比例部分） 円	（報酬比例部分） 円
		（定額部分） 円	（定額部分） 円	（経過的加算部分） 円
		（経過的職域加算額（共済年金）） 円	（経過的職域加算額（共済年金）） 円	（経過的職域加算額（共済年金）） 円
	私学共済厚生年金期間（私立学校の教職員）	（報酬比例部分） 円	円	円
		（定額部分） 円	（定額部分） 円	（経過的加算部分） 円
		（経過的職域加算額（共済年金）） 円	（経過的職域加算額（共済年金）） 円	（経過的職域加算額（共済年金）） 円
（1）と（2）の合計		円	1,183,900円	1,925,000円

将来の年金見込み額

このまま60歳まで勤め続けた場合 の 年金見込み額 が記載されている

注：例として記載したのは1961年生まれで2019年現在58歳の会社員の65歳時点での年金見込み額。1983年～2021年まで社員で1983年4月～2003年3月（240か月）の標準報酬月額36万円、2003年4月～の標準報酬額48万円で試算（国民年金38年加入）

〈2019年4月現在〉

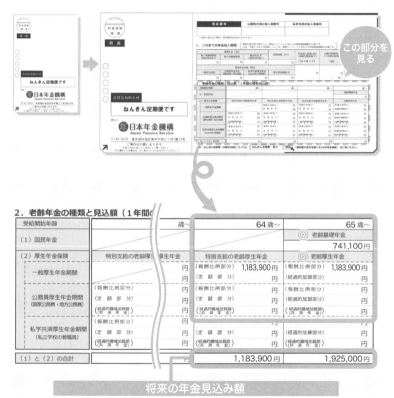

加入記録や見込み額を確認できます。登録には基礎年金番号とアクセスキーが必要です。アクセスキーはねんきん定期便に記載されており、3か月有効ですが、それ以降は日本年金機構から取り寄せます。40代の方は、これを見れば見込み額が確認できますので、ぜひ一度は見てみてくださいね。

●ねんきんネット

https://www.nenkin.go.jp/n_net/

公的年金は2種類

すでにご存知と思いますが念のため説明すると、公的年金には種類があり、働き方などによってそれぞれ加入できる制度が決まっています。すべての人が加入するのが国民年金。自営業やフリーランスの人が加入できる公的年金は、国民年金のみです。企業や官公庁に勤めている人は、その間「厚生年金」にも加入します。

国民年金（＝老齢基礎年金）の受け取り額は、加入期間によって決まります。20歳から60歳までの40年間加入した場合の年金額は、78万1００円、と一律です（２０１

年金の種類と被保険者の概要

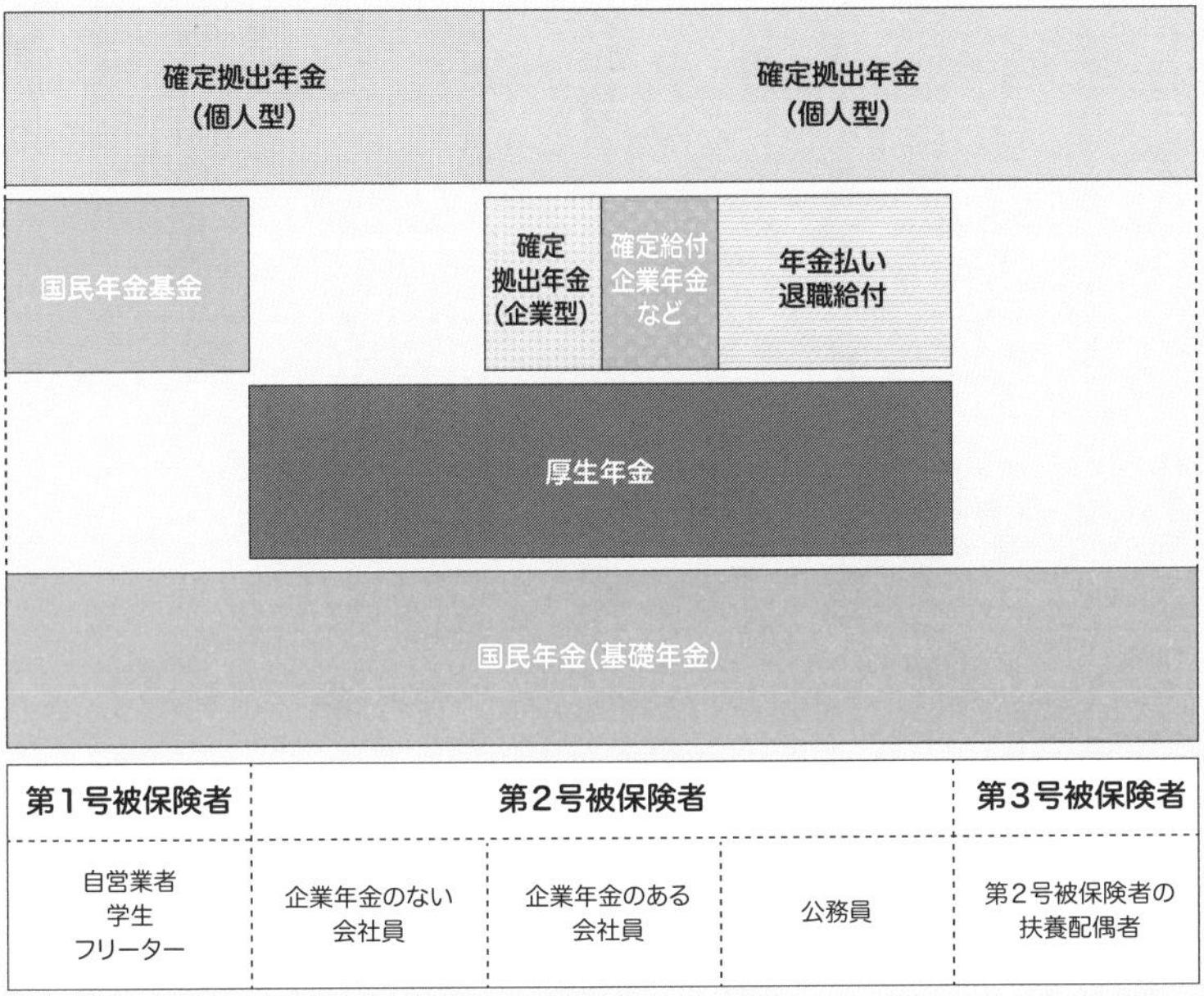
確定拠出年金
（個人型）
確定拠出年金
（個人型）
国民年金基金
確定
拠出年金
（企業型）
確定給付
企業年金
など
年金払い
退職給付
厚生年金
国民年金（基礎年金）
第１号被保険者
第２号被保険者
第３号被保険者
自営業者
学生
フリーター
企業年金のない
会社員
企業年金のある
会社員
公務員
第２号被保険者の
扶養配偶者

9年価額）。未加入期間があるとこれより少なくなります。場合により未加入期間分を追納することも可能ですので、詳しくは年金事務所にご相談ください。

厚生年金は加入期間と年収により受給額が違います。

会社員・公務員の配偶者で収入130万円未満の方（＝3号被保険者）は、国民年金のみに加入していますが、保険料を支払う必要がありません。

年金の手取りは支給額の8〜9割が目安

見込み額を確認したら、もうひとつ知っておきたいことがあります。

それは、**年金の支給額＝受け取り額ではない**、ということです。

支給額が課税額以上の人は年金から所得税や住民税が天引きされますし、健康保険料（注）や介護保険料といった社会保険料も差し引かれます。

平均的な賃金で40年間厚生年金に加入した会社員と、40年間専業主婦だった妻のモデルケースでは、公的年金の月額が夫婦で約22万円ですが、税や社会保険料を除くと、

（注）75歳以上は後期高齢者医療制度

年収×年齢別 公的年金額の目安

◎ 会社員の場合

現役時代の年収が多い人ほど、年金額も多くなる。20歳で国民年金に加入し、
22歳から60歳まで勤務先で厚生年金に加入した場合の受け取り額は下表のとおり。

現役時代の平均年収	2019年の年齢		
	58歳未満 男性：昭和36年4月2日生まれ以降 53歳未満 女性：昭和41年4月2日生まれ以降	58歳〜60歳 男性：昭和34年4月2日生まれ〜昭和36年4月1日生まれ 53歳〜55歳 女性：昭和39年4月2日生まれ〜昭和41年4月1日生まれ	60歳〜62歳 男性：昭和32年4月2日生まれ〜昭和34年4月1日生まれ 55歳〜57歳 女性：昭和37年4月2日生まれ〜昭和39年4月1日生まれ
300万円	年140万4900円	64歳から 62万4800円 65歳から 140万4900円	63歳から 62万4800円 65歳から 140万4900円
400万円	年160万4900円	64歳から 82万4800円 65歳から 160万4900円	63歳から 82万4800円 65歳から 160万4900円
500万円	年182万9800円	64歳から 104万9700円 65歳から 182万9800円	63歳から 104万9700円 65歳から 182万9800円
600万円	年202万9800円	64歳から 124万9700円 65歳から 202万9800円	63歳から 124万9700円 65歳から 202万9800円

◎ 自営業・フリーランスの場合

自営業者が加入する国民年金は、
年収にかかわらず月額保険料は同額。
65歳から受け取る公的年金は、
20歳から60歳まで40年間加入で満額。
40年未満の場合は加入期間により決まる

20歳から60歳まで40年加入なら

⬇

年間78万 100円

月額では6万5100円

＊2019年価額

手取りは19万7000円程度に。約1割が引かれます。収入が多い方は2割近く手取りが減る場合も。社会保険料は今後も上昇傾向。年金の手取りが2割減に近づく人も増えるでしょう。その動向については、ニュースをチェックしておきたいものです。

要は、実際に受け取れる年金額は、「ねんきん定期便」などでわかる**「見込み額」の約9割以下**だということを、しっかり覚えておきましょう。

公的年金が受け取れるのはいつから？

昭和36年4月2日以降に生まれた男性、昭和41年4月2日以降に生まれた女性は、公的年金が受け取れるのは65歳から。それ以前に生まれた人で会社員だった人は、段階的に65歳以前に報酬比例部分の老齢厚生年金を受け取ることができます。

詳しくは75ページの表のとおり。ここは要注意なのですが、年齢によって、性別によっても支給開始年齢や支給内容が違いますね。自分は63歳からもらえる、と思っていても、**支給開始時点では「報酬比例部分」のみだったりすると、期待よりずっと少額です。**きちんと確認しておきましょう。

年金受給開始年齢表

老齢厚生年金支給年齢が段階的に引き上げられたため、昭和25年～昭和41年に生まれた人は、一部を早めに受け取れる場合も。それ以外の人は65歳まで「無年金」。

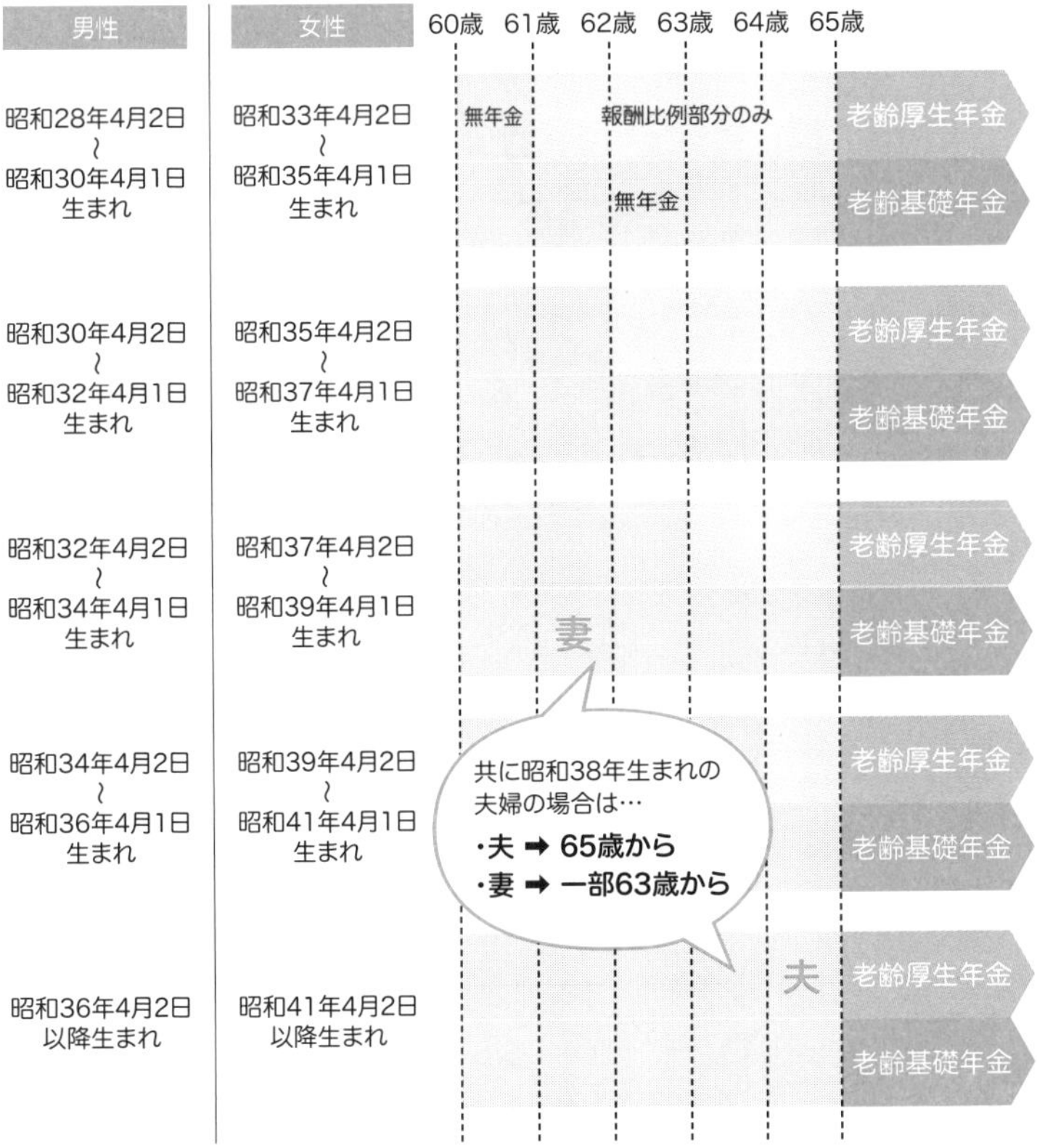

※長期加入者や障害のある人には特例がある。

★老齢基礎年金は65歳から

「国民年金」は、生まれた時期にかかわらず、男女一律に65歳から支給開始です。

なお、夫婦のうち生計を主に担っている者が厚生年金を受給するようになった時、その配偶者が65歳になるまで、年金に上積みして**「加給年金」**が受給できる場合があります。本人の厚生年金加入年数（20年以上）や、配偶者の条件（65歳未満・老齢基礎年金未受給、年収８５０万円以下）があるので確認を。年額で39万１００円多くもらえます。なお、夫が年金を繰り下げ受給（注）する場合は加給年金ももらえません。

公的年金以外の「年金」とは？

年金は公的年金だけでなく、勤務先の企業によっては、退職金の一部を「企業年金」として受給できる場合もあります。企業ごと、個人ごとに条件があり、それにより受け取る金額も支給期間なども違うので、会社に確認してみましょう。

公務員の場合は、「年金払い退職給付」が、これにあたります。

また保険会社などの個人年金保険に加入している人は、同様に金額や支給期間を確認します。今話題の「確定拠出年金／（会社型、個人型＝（ｉＤｅＣｏ）」や小規模企

（注）繰り下げ受給については149ページを参照

業共済については４章で詳しく説明しますが、これらを利用して自前の年金、つまり**「自分年金」**を用意している場合、それらを一時金または年金として受け取ることができます。確定拠出年金は運用実績によって受け取り額が違ってきますので、元本分で計算しておくといいでしょう。

退職金

退職金の想定額を確認しておきましょう。これればかりは各社まちまちなので、自分の会社の担当部署に尋ねることになります。

その年代の方であれば、問い合わせる人は少なくないはずです。誰にとっても当然の関心事なのですから。40代では不確定な要素も多いですが、まずは現行の制度で、いくらくらいかを確認します。50代になれば、おおよその額はわかるでしょう。企業年金の見通しを立てるためにも、重要です。

全体の額を知ったうえで、一括受け取りにするか、一部〜全額を年金受け取りにするか、検討します。その割合を仮に決めて、それぞれの額を書きとめておきます。

年金カレンダーで定年後の収入を見える化

さて、自分がもらえる年金の種類、受け取り額、受給時期がわかりましたか？　企業年金や自分年金がある場合は、その額も暫定的に把握できたと思います。

次に、いつからいくら使えるのかを知るためにも、「年金カレンダー」を作ってみましょう。どの年金がいつから、いくら受け取れるかを一覧表にしておくのです。これで、毎月の「収入」部分を、すっきり見える化して把握できます。

たとえば多くの「定年夫婦」の場合、公的年金ゼロ時期があり、その時期「収入ゼロ」になる場合もありえます。そのとき、どうするか。見える化すればリアルに考えられますね。支出を減らせばなんとかなる額なのか、それでも足りないという場合は貯蓄を取り崩すことになりますが、いくら必要か、わかっていれば準備もできます。

定年以降も「再雇用制度」「再就職」などで働く場合や、パートナーの収入、副業収入、不動産収入などがある場合は、それも年金カレンダーに書き込んで。収入に波がある場合は、年間の平均を書いておきましょう。

「年金カレンダー」で収入を把握！

夫婦とも1963年生まれで年金支給開始が夫が65歳、妻は63歳の場合のモデル一覧表

夫：1963年生まれ、38年間会社員。入社～2003年3月まで18年間の標準報酬月額は36万円、2003年4月～2023年までの標準報酬額は48万円。国民年金40年加入。年間の公的年金支給額は厚生年金118万5500円、国民年金78万100円。

妻：1963年生まれ、6年間会社員として働き退社、以降専業主婦に。会社員期間の標準報酬月額は15万円。国民年金40年加入。年間の公的年金支給額は厚生年金7万7000円、国民年金78万100円。

公的年金：国からもらうお金（終身）

企業年金：勤務先から退職金の一部としてもらうお金。企業年金がない会社も

自分年金：個人で申込み払ってきた保険や金融商品。年金でもらう場合の見込み額

	公的年金		企業年金	自分年金			
	夫	妻	夫	夫	支給額の合計	年金の収支	年金以外の収入
60歳	0	0	60万円	100万円	160万円	▲140万円	
61歳	0	0	60万円	100万円	160万円	▲140万円	
62歳	0	0	60万円	100万円	160万円	▲140万円	
63歳	0	8万円	60万円	100万円	168万円	▲132万円	
64歳	0	8万円	60万円	100万円	168万円	▲132万円	
65歳	196万円	86万円	60万円	100万円	442万円	142万円	
66歳	196万円	86万円	60万円	100万円	442万円	142万円	
67歳	196万円	86万円	60万円		342万円	42万円	
68歳	196万円	86万円	60万円		342万円	42万円	
69歳	196万円	86万円	60万円		342万円	42万円	
70歳	196万円	86万円	60万円		342万円	42万円	
71歳	196万円	86万円			282万円	▲18万円	
⋮	⋮	⋮			⋮	⋮	

＊年金の収支は年間生活費300万円で試算。▲は赤字

今あるのはいくら？

資産リストを作ろう

年金の足りない分を補うのも、ピンチに備えるのも、「貯蓄」「資産」次第。それがどこに、いくらあるか、ちゃんと把握していますか？

定年間近のR子さんは昨年、車の買い替えを思い立ちました。その際、各種預金額を改めて見直して、「びっくり」。思ったよりかなり少なくなっていたので、買い替えは見送りに。ちょうどいい定年前の資産の棚おろしにもなった、と振り返ります。

長い年月の間には、大事なものも散逸しがち。記憶もどんどんあいまいになります。あちこちの銀行にいくつも預金通帳があったり、国債などを買ったものの正確な情報を忘れていたり。親から譲られた株券が値上がりしていたり、はたまた暴落していたり……。持っているはずの資産でも、「全体でいくらあるのかわからない」、ということが意外と多いようです。これは大問題。すぐに資産の棚おろしをしましょう。

金融資産、ローン状況 一覧表

● 預金など

銀行名	種類	固定／変動	利率	預入金額	現在額	満期日	備考 （口座番号・名義）

● 有価証券・確定拠出年金など

金融機関	種類	固定／変動	利率	投資金額	現在額	満期日	備考

● 生命保険・個人年金

取扱会社	種類	預入金額 （一時・月払）	解約 払戻金	満期金	契約者	満期日	備考

● 住宅ローン・車ローンなど借り入れ

金融機関	ローン 種類	借入金額	固定／変動	金利	借入金 残高	返済期間	返済 終了日	備考

本当に準備すべき額は？

正確な収入と支出を元に、あらためて55ページの公式で試算を！

さあ、全部の数字が出揃いました。あらためてこの数字で試算をしてみましょう。できれば「余命年数」を長めに見てください。男性は85歳、女性は90歳か95歳でもいいでしょう。女性の半数は90歳まで、４人にひとりは95歳まで生きるのですから。

試算で出てきた「必要総額」を、貯蓄や金融資産で埋め合わせできれば、大丈夫です。もし、埋め合わせできない場合は、なんとかしなければなりません！

赤字になっても黒字になっても、まずその額を見極めましょう。

本当に準備が必要な額にむけてスマート化を！

黒字の人はいるでしょうか？　赤字の人は、たくさんいると思います。**数千万単位**

で足りない、という例も、珍しくないと思います。人生100年近くに延びたのですから、仕方ありません。足りなくても慌てなくて大丈夫です。まず、**「よかった」**と思いましょう。「対処すべきこと」が、早くわかって何よりです。

ただ、その額の分、全部準備するのはしんどくないですか？　そこで、提案です。必要な額がわかれば、対処する方法は、ちゃんとあります。それは、次の３つ。

1 支出が多すぎないか、見直す

2 収入を増やす方法を考える

3 資産を増やす方法を考える

ぜひ、この順番で検討してください。支出が減らせれば、お金に困りません。それでも足りないなら、収入を増やせばいいのです。さらに、安心を得たければ、プレ定年時代から、「資産を増やす」ことを始めましょう。

この3ステップの進め方を、次の章でご紹介します。

◎2章のまとめ

◎〝足りない分〟だけを準備するために、自分の「お金」状況を知る

◎簡単公式で、まずは大まかな「必要なお金」額をチェック

◎収入の額とタイミングは「年金カレンダー」で見える化を

◎支出、収入、資産を把握して、「必要総額」の正確な試算を

◎数千万単位で「足りない！」場合も珍しくない

⬇慌てずに3ステップで対処を

❶支出を見直す

❷収入を増やす

❸資産を増やす

第3章

定年後のお金が足りない！を解決❶

苦しくない「支出カット」で、スッキリ赤字減！

支出のスマート化を進める。それも、「プレ定年夫婦」の今から進める

定年後支出のダウンサイジングは、「プレ定年夫婦」の今から始める

どこかでお金が不足する、とわかったら、次の手順で対処することをご説明しました。

1　**支出が多すぎないか、見直す**
2　**収入を増やす方法を考える**
3　**資産を増やす方法を考える**

どれも大事ですが、まずは1の「定年家計」の支出見直しから。

ぜひ、プレ定年世代の方は今から、すぐに着手してください。「定年夫婦」となってから、「家計が赤字！」というのでは不安も深刻です。また、余裕がなくなってからの「支出カット」は、より難しくなるものです。

要は、３つの約束の1、「入ってくるお金で生活する」を基本に、「月額基本生活費」を精査してみるわけです。まずは現在の家計から始めましょう。ここから見直しを実行して大きな支出カットができれば、余ったお金を貯金にまわせます。一石二鳥！というわくわく感で、楽しく「見直し」してみましょう。

一律カットはしないで。満足度の低い支出からカット

「支出カット」というと、雑誌などでよく見る、家計全般を見渡して平均と比べ、ちまちまと削り出すような**「節約」**を思い浮かべそうです。それもいいでしょう。ただ、私自身はあまりオススメしません。「食費は4人家族だったらいくら」と比べる目安が示されていて、それより食費がかかりすぎだとしても、「料理を作るのが好きならそれはそれでいい」、と思うからです。「満足度の高い支出」を削ると、生活

の潤いが欠けて、どこかにその反動が出てきます。なので、いわゆる〝平均家計〟パターンに当てはめなくてもいい、と思うのです。**減らしても困らないのは「満足度の低い支出」**。惰性で払っているもの、安いと思ってつい選んでいるが、そんなに好きではないもの、などがそれにあたります。

レシートの採点で、満足感の低い支出＝「無意識無駄支出」をカット

惰性で買っているものこそ、無意識なので、特定しにくいもの。そこで、それを特定するために**「お金の悪習慣」**を点検しましょう。

お金の悪習慣とは、つまり、お金の使い方の悪いクセ。すごく節約してるつもりなのに食費がかさんでいると感じている人。レシートを見返すと、必ずレジ横のお菓子を買っている、安い居酒屋だからと頻繁に通う、洋服の衝動買いが月に1回はある……。それがお金の悪習慣。困ったことに、**自分では気づきにくいのがポイント**です。

それを知るために私が実践しているのが、**レシートに○×△を付ける**こと。

一定期間で振り返り、買わなくてもよかったと思うものは「×」、無駄がなかった

場合は「○」、その中間が「△」。自身の行動に×をつけるのは嫌なので、×が付かないように支出に気を使うようになり、無駄がないかを考えてからお金を使う、という習慣が身につきます。そして自然と無駄がなくなり、支出が減る、というわけです。

たとえば私の場合、同じタクシー代でも○〜×が分かれます、速く移動できて予想以上に仕事が進んだ場合は「○」、取材が長引いた結果やむを得ず利用した場合や、疲れたから乗った場合は「△」、30分前に起きれば使わずに済んだ場合は「×」。

お菓子もつい買ったのがひとつなら「△」、ふたつ買ってしまったら「×」など自分の判断で決めます。あまり厳しいと疲れてしまいますし、甘すぎると支出は減りません。

こうした作業は、**人に任せずに、自分で手を動かす**と、強く意識することができます。３か月〜半年程度続けてお金の悪習慣を知り、無駄支出を減らしましょう。

満足度の高い支出も多すぎたらカット

無駄支出はしっかり減らす分、自分のための**「満足」の伴う支出**はできるだけ残したいもの。でも、どんなに「満足」が大事といっても「適正額」は意識するべきです。

ゴスペルが趣味のW子さん。定年後も都心の教室に通い、活発な仲間にいつも刺激を受けています。その教室で個人レッスンのヴォイストレーニングが始まると聞いて、W子さんは無性に受けたくなりました。1回1万円で月に2回。これまでの月謝４０００円にプラスすると大幅増です。それでも夫に話すと「じゃあしばらく受けたら」と賛成してくれました。でも内心「家計オーバーかな」という不安もあり、離れて暮らす姉に電話で相談すると「うーん、そこまでする？」と冷静な答え。確かに月２万４０００円では、月収の1割近くにのぼります。考え直して、通常クラスのみにしたW子さん。60代後半になった今も余裕でゴスペルを楽しんでいます。

大きな赤字があるなら、「家」「車」など大物まわりで調整の検討を！

大きめ赤字が出てしまった場合、細かい支出の見直しだけではカバーしきれないこともあります。そんなときには、大物の見直しが必要です。

「大きめの支出」の代表といえば、**住居費と車の関連費用**。

持ち家、賃貸、いずれの場合も、住居は大きなお金が動くところ。ローンが残りそうなら、まず繰り上げ返済の検討を（102ページ参照）、あるいは、そもそもローンや家賃の負担が重すぎる場合は、**住み替えも含めて検討**しましょう。生活レベルを落とすのは嫌だ、と思いがちですが、リタイア後の住まいは職場の近くでなくてもいいのです。たとえば郊外で広々と暮らすこともありですし、コンパクトな家なら維持管理が楽というメリットも。

維持費やローンの軽減、家賃や価格が安い家に転居することなどで、差額分の余裕が生まれます。支出カットではありませんが、自宅を賃貸に出して、自分たちがコンパクトな家に移ることも、収入増につながるのであれば、検討の余地がありますね。

ただ、住み替えるならポイントは**「郊外でも駅近」**なこと。定年夫婦は年を取るほどに、「動きやすい」環境が大事です。都心に出たいときは電車で行ける、散歩や買い物や用足しに、外に出るのもおっくうではない。そんな環境が最適。「人里離れた田舎暮らし」はあまりおすすめしません。どちらかが「おひとりさま」になったとき、困っても誰にも助けに来てもらえないのでは、不安になりますね。

家を住み替える、というと大ごとですが、最近は過疎化や空き家問題が深刻化しており、自治体が補助金を出して移住者を募集する例も多いです。東京近郊にも例がありますし、定年後の人が対象になる場合も。土地勘がある地域、親戚の近く、幼いころに育った町などで、定年後住みやすい制度があれば、なおよしですね。

そのときは**「終《つい》の棲家《すみか》」**という意識で相性や利便性をきちんと考えて選びましょう。転居を繰り返すと余計な支出がかさみますし、年齢が上がるごとに「転居」はストレスや孤独にもつながり、認知症のリスクとも関わってきそうです。

都市部なら「車」も所有しなくていい時代

地方都市では車が手放せない地域があります。一方、都市部では、毎日車を使わなくても、十分暮らしが成り立つ場合も多いですね。

自家用車の維持費やガソリン代はそれなりの出費。もし、駐車場を借りているなら、なおさらです。それに見合う頻度で車を使っていますか？

最近、めざましく発展しているのが「カーシェアリング」。東京都内であれば、自宅近辺に、カーシェアリングのステーションが複数見つかることも。カーシェアリングで12時間、車を借りると、燃料費・保険込みで約５５００～７０００円程度。６時間なら約３５００～５０００円、１時間なら１０００円強という例も。月に3回程度なら、１万～2万円ほどで収まります。所有する場合の維持費より少なくできそうですね。しかも、歩く習慣もできれば、健康にもプラスです。

私自身ドライブが大好きなので、「車を所有したい」という気持ちはもちろんよくわかります。その**こだわりと、家計への影響を天秤にかけて判断して**ください。

「車はともかく、家まで住み替えるなんて、とんでもない」と思う方もいるでしょう。でも、人生１００年時代に入ったからには、マインドを変えるべき。

「車がないとデートできなかった」なんて、今の若い方には信じてもらえない世の中です。家も空き家が出て困るくらい飽和状態。「家があれば安心」「車があれば満足」という世の中ではなくなりつつあります。この先家も、価値が下がるおそれもありますね。

もちろん、愛着がある家や車を、無理に手放すことは勧めません。大きな家の維持費に悩み、日常の生活が窮屈になるような場合や、かっこいい車も価値に見合った使い方ができず、宝の持ち腐れになっているなら、ご夫婦で考えてみてください。

固定費を賢くカット。「固定観念」にとらわれないで！

支出の見直しのもうひとつの山、保険とローンでざっくり減らす！

「定年夫婦」家計のスマート化のために、日常の満足感のない**「無意識支出」**から、対照的に大きな**「家や車」**も視野に入れた支出のカットまで、ご提案しました。

もう削るところはない、と思いましたか？「定年夫婦」なら、まだあります。「中くらいの、だけど**確実なカット対象**」が。**それは、保険。そして、ローン**です。

ほとんどの「定年夫婦」が、毎月「万単位」で支払っている固定費。これを整理できれば、「毎月万単位で手持ちのお金が増える」ことになりますね。そんな固定費を、無頓着に払い続けていませんか？　そこをスイッチすることで家計が激変します。

効果絶大！ いらない保険→使える家計&貯蓄にチェンジ

支出を減らすのに実はとても効果的なのが、**保険の見直し**です。

これ、実は「プレ定年夫婦」だからこそのカット技。なぜならほとんどの「プレ定年夫婦」が保険を多めにかけているからです。保険を適正にすれば支出カットが可能です。社会保障を知って無駄な保険をカットし、その分を貯金しましょう。

まず着目すべきは、死亡した際に保険金が支払われる**生命保険（死亡保障）**。これは何かあったときに経済的に困る人がいる場合に必要なものです。子どもがいない人、子どもがすでに独立している人には、死亡保障はいりません。

会社勤めで死亡した場合は遺族厚生年金が、18歳未満の子どもがいる場合は遺族基礎年金と遺族厚生年金が受給できます。勤務先から死亡退職金が出るところも多いようです。家族は働くこともできますし、貯金もあるでしょう。いずれにしても「万が一」の話です。

リアル定年世代の年金受給時には、配偶者の厚生年金の75％を**「遺族厚生年金」**として受け取れます。

それでも「給与収入がなくなるのは不安」と思うなら、現役のうちは入っていてもいいでしょう。ただ、退職して年金生活になったら、それを潮時として、毎日の生活にかかるお金と、支払う保険料を、天秤にかけて考えてみては。

保険料は毎月出ていくお金。年単位にすると、相当な出費です。毎月2万円の保険を解約して貯金すれば年間24万円、10年で240万円。お葬式代……と言う人もいますが、葬儀費用の平均は約196万円。お葬式代はこの貯蓄から出せばいいのです。

実は医療保険もいらない

医療保険？　それもいりません。……私がそう言うとたいていの方はびっくりされます。

でも、私自身、医療保険には入っていません。必要だと思わないからです。

理由はふたつ。まず**「高額療養費」制度**です。入院や手術でお金がかかっても、この制度で決められた自己負担額以上の分が戻ってくるからです。医療費の自己負担額

高齢者医療の自己負担は限定的

医療費の患者負担割合

	0歳〜6歳（義務教育就学前）	6歳〜70歳（65歳〜：前期高齢者）	70歳〜75歳（前期高齢者）	75歳〜（後期高齢者）
一般・低所得者	2割負担	3割負担	2割負担	1割負担
現役並み所得者*	2割負担	3割負担	3割負担	

＊ひとり暮らしで年収383万円以上。ふたり世帯で年収520万円以上が目安

参考：厚生労働省のホームページ

医療費が一定額を超えると超過分が還付される
70歳以上の高額療養費制度（月単位・2018年8月から）

被保険者の所得区分		自己負担限度額 外来（個人ごと）	自己負担限度額 外来・入院（世帯）
①現役並み所得者（標準報酬月額28万円以上で高齢受給者証の負担割合が3割の方）	年収約1,160万円〜 標報83万円以上／ 課税所得690万円以上	25万2600円＋（医療費－84万2000円）×1% ［多数該当：14万100円］*3	
	年収約770万円〜約1,160万円 標報53万円以上／ 課税所得380万円以上	16万7400円＋（医療費－55万8000円）×1% ［多数該当：9万3000円］*3	
	年収約370万円〜約770万円 標報28万円以上／ 課税所得145万円以上	8万100円＋（医療費－26万7000円）×1% ［多数該当：4万4400円］*3	
②一般所得者（①および③以外の方）		1万8000円（年間上限14万4000円）	5万7600円 ［多数該当：4万4400円］*3
③低所得者		8000円	Ⅱ*1…2万4600円 Ⅰ*2…1万5000円

＊1 被保険者が市区町村民税の非課税者等である場合

＊2 被保険者とその扶養家族すべての人の収入から必要経費・控除額を除いた後の所得がない場合

＊3 同一世帯で直近12か月に高額療養費の支給回数が4回以上になった場合に4回目から適用される限度額

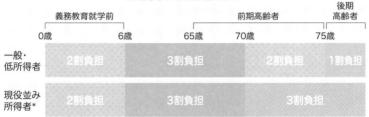

は97ページの図のとおり。たとえば一般的な収入の人なら自己負担額は9万円弱。貯金で払えますね。

ふたつ目の理由は、**会社の福利厚生でさらに手厚い保障があるかもしれない**から。勤務先によっては医療費の自己負担上限が月額2万円、差額ベッド代も給付、といった例もあります。このような制度があればますます医療保険の必要性は低いと言えます。

収入が途絶える不安から医療保険を続ける人もいますが、会社員の場合は健康保険に**「傷病手当金」**給付があります。連続して4日以上仕事を休んだ場合、4日目以降休んだ日数分、最大1年6か月間、標準報酬月額の3分の2を30日で割った額が給付されます。標準報酬月額が45万円なら1日あたり1万円、30日で30万円に。さらに1年6か月経過後に所定の障害状態にあれば公的年金から「障害年金」が給付されます。

がん保険より、貯蓄のほうが頼れることも

がん保険に入っている人も多いですよね。がんになると治療が長引くこともあり、

自己負担の上限額いっぱいの支払い（9万円弱など）が続いたり、収入が減ることもあります。そのような事態に備えてがん保険に入る人が多いのですが、私の考えでは、「『定年夫婦』には医療保険よりはいいけれど……」です。

がん保険のメリットは日数無制限の入院給付金。入院が長引いても安心です。でも今は**日帰り治療**が主流。入院も昔に比べて驚くほど短期化しています。そのためせっかくの入院給付金も、出番がないことが増えています。

入院や手術の有無にかかわらず給付される診断給付金は、一定の価値があると思いますが、１００万円程度なら貯蓄から出してもいいはず。貯蓄がない若いうちは別ですが、ある程度の貯金があれば、必ずしもがん保険に頼らなくてもいいでしょう。

「でも、がんで貯蓄を減らしたくない……」と言う人もいますが、そもそも保険料を払っているから保障が得られるわけです。それならば、**保険料を払う代わりに、〝医療費のための貯蓄〟をしておけばいい**のです。そうしておけば、がんになっても、がん以外の病気でも、介護でも、どんなことにも自由にお金を使うことができます。

入るべき保険と、入るべき人

保険は長期で保険料を支払うことも多く、全体で見れば大きな出費です。漠然と払い続けずに、目的を絞って利用するのが得策です。

保険が必要なのは、もし万が一のことが起きた時に**ダメージが大きくて対処のしようがない場合**。具体的に言えば**火災保険と自動車保険**でしょう。

火事や風水害で家も家財道具も失ったら経済的にダメージが大きいですし、自動車事故で被害者を出したら大変なこと。それらは貯金では対処しきれないので保険に入る意味があります。

医療保険に加入したほうがいいのは、自己負担分の医療費も払えないおそれがある人、支払うと生活に影響が出る人、そして〝安心〟にコスト（＝保険料）をかけたい人。保険でなく貯蓄にした場合と比べてどちらが合理的かを考えて選びましょう。

損をしない「保険のたたみ方」

加入している保険をやめたいけれど、払ったお金がもったいないという人もいます。でも掛け捨ての保険は一定期間の保障分だけ。払った分もムダにはなりません。

定期付き終身保険など、終身部分がある保険なら、その分はもらえますので、**「払い済み」**という形にして、契約自体は続けるといいでしょう。これまでに支払った保険料に相当する保障だけが残り、以後は保険料を払う必要がありません。入院給付金などはなくなり、払い込んだ保険料の分の死亡保険金だけが残る、というわけです。

保険会社に連絡し、払い済みにしたい旨を申し出ましょう。営業担当者から強く引き留められて困る、という場合は、直接本部に相談するのも手です。

住宅ローンも60歳完済、に向けて見直しを

もうひとつの中〜大型の、支出カット策、それは**住宅ローンの見直し**です。

「プレ定年夫婦」の多くは住宅ローンを返済中だと思います。そのローン、何歳で返し終わるか、把握していますか？　定年後はどうしても収入が減りますから、**定年までに完済**、が理想。難しい場合は再雇用の終わる65歳までの完済をめざしましょう。

まずは借り入れ先から来ている償還予定表で完済まであと何年か、何歳で完済かを確認。60歳以降なら**「繰り上げ返済」**や**「借り換え」**を検討します。

繰り上げ返済とは、先々の返済分を前倒しして返済すること。**「期間短縮型」**というタイプの場合、完済時期が早まるほか、かかるはずだった利息がカットされ、返済総額が少なくなる効果もあります。ローン条件で、最低金額や手数料などの決まりがあります。いくら返済すると得か、返済期間がどれだけ短くなるかなど、借り入れ先の金融機関に問い合わせれば試算してくれます。ただし、貯蓄が減りすぎるのも問題。最少でも**生活費の1年分程度＋教育費（必要なら）は残しておくようにし**てください。

借り換えも、やっぱり有効

「借り換え」は、今借りているローンを別の金融機関で有利なローンに借り換えること。より金利が低いローンに借り換えれば利息が減り、返済額が少なくなります。返済期間は、前のローンの残りと同じ年数以内で設定できますが、これを60歳または65歳までに完済できる年数にするのが重要。返済期間を短くすると毎月の返済額は高くなりますが、金利が下がる分返済額を抑えられ、少ない負担で期間を短縮できるのです。残り１０００万円なら、借り換え時にそのうちの１００万円を返済し、９００万円だけ借り換える、というのもいい方法です。

借り換えは金利差が大きいほど、残りの期間が長いほど、ローンの残額が多いほど、効果があります。手数料などがかかりますが、目安として返済期間15年以上、ローン残高１０００万円以上で、金利差が0.5％程度あれば得になる可能性があります。借り換えするなら借り換え先の金融機関に相談してみましょう。銀行のホームページなどでは、試算ができるところもあり、便利です。

◎3章のまとめ

◎不足するお金の手当て、最初は「支出の見直し」から

◎「プレ定年夫婦」時代から「支出のダウンサイジング」を励行

◎ちまちま節約は辛い➡惰性支出から楽にカット

◎「大きな不足」は家、車などの「大きな支出」で調整を

◎固定費で払っている保険料・ローンを見直して身軽に！

●保険……死亡保障・医療保障はやめるか最少限に

●ローン…借り換えまたは繰り上げ返済を

第4章

定年後のお金が足りない！を解決❷

「入る&持ってる」お金を増やす！

「リアル定年夫婦」も収入が増える！発想を転換してもっと豊かに！

準備次第、やり方次第で、定年後の「収入」が、増やせる！

さきほど確認したように、年金の受給額は、働いてきた年数（加入月数）や年収で決まっています。それを、たとえば一気に倍にするような裏ワザは、さすがに私も知りません（笑）。でも、年金は、受け取るときの戦略的な判断次第で、**月々の受給額を最大４割まで増やす**こともできます。また、さらに遺族年金など、「定年夫婦」ならではの恩恵を知ることで、長い老後に備えることもできます。

ほかにも、**定年後に備えるための新しい有利な制度**を上手に使って、自前の年金、つまり「自分年金」の用意をすることができます。これも、**「定年夫婦」なら、夫と妻、それぞれで利用**できますから、有利な条件を最大限使って、**ダブルで「お得」**が享受できます。

そして、一番シンプルな方法も。それは**「定年後も働く」**ということ。

夫だけではありません。妻も働けばダブルでプラスに！

残り時間がまだある「プレ定年夫婦」なら、**「定年後に向けて妻も働く」**ことも、ぜひ検討してください。60歳以降まで視野を広げて働くことが大事です。

「リアル定年夫婦」の方なら、なるべく早く働き始めれば、その分長く働けます。

いずれにしてもふたりで働くことを選択肢のひとつにしてほしいもの。

「40代以降こそ、ダブルインカム！」もいいですね。

早めにお金の準備を始め、リアル定年夫婦以降も豊かに、アクティブに人生を楽しんで、人もうらやむ「定年夫婦」となってください！

終活の前に、もういちど就活！働けば、ゼロからお金を生み出せる！

「定年後」に働くことに、夢とリアリティを持つ

まず最初に、一番抵抗のありそうな、**「働く」**ことから話を始めましょう。

なぜなら、これが一番お金を増やすのには、確実だからです。

なにしろ「人生100年時代」。**60歳を迎えるときのあなたの残り時間は、想定で約40年**もあります。何もしないで安穏と暮らす、といえば優雅ですが正直、退屈です。

物珍しかった最初の1年が過ぎたあたりからは、

「行くところもない、遊んでくれる人もいない、頼りにもされない」

という状態になりがち。それが40年近く続くのでは残念ですね。しかも、おそろし

いのは、**「お金もない！」**となりかねないこと。

定年10年後、70歳のときにそうなったとしても、そこから働くのはかなり大変です。そう、どなたかも言っていたように**「残りの人生で、今日の私が一番若い」**のです。できればプレ定年のうちから準備を始め、自分にもできる働き方を考えてみましょう。

定年後、再雇用制度で週3回働きながら、趣味のビデオサークルに入っていたTさん。サークルでは活動資金確保のために、近隣のイベントなどの撮影を請け負っていました。撮影から編集、パッケージまで完璧に仕上げるTさんの丁寧な仕事ぶりは好評で、やがて個人でも撮影を頼まれるように。70歳の今でも元気に飛び回り、月に3万〜5万円の収入を得ています。元はメーカーの営業職と、畑違いだったTさんですが、この年にして、思わぬ分野で第二の人生が始まり、充実した毎日を送っています。

夫も妻も65歳まで働くのが標準になる

多くの企業では60歳を定年としていますが、**「高年齢雇用安定法」**により、企業には**社員が希望すれば65歳まで雇用する**ことが義務付けられています。企業は、65歳までの定年延長、継続雇用（再雇用）、定年の廃止、の３つからいずれかを選択することになり、最も多いのは**再雇用**です。60歳で定年になって退職金を受け取り、さらに65歳まで契約社員や嘱託社員として再度雇用される、ということが多いでしょう。

再雇用の場合、年収は大きく減り、２分の１以下になることも珍しくありません。**それでも、長く働けるのは貴重**。というのも、公的年金が受け取れるのは65歳から（年代によって女性は60代前半から一部支給も）で、60歳でリタイアすると、**5年間は無収入になってしまい、貯蓄などから生活費などの補填が必要な人が多いから**です。

例えば年間の生活費が３００万円だとすると、５年間の不足額は１５００万円！　せっかく貯めた貯蓄が一気に減ります。一方、再雇用などでその間も年収が３００万円あれば貯蓄は温存できますし、年収２５０万円でも5年間の赤字は２５０万円で済みます。妻もたとえば年収１５０万円〜で働くなら、ふたりで合わせて４００万〜５５０万円以上の収入がキープできます。生活費の３００万円を使っても、お釣りがくる額。貯蓄してもいいし、余裕を持って旅行などを楽しむことだってできます。

60代は元気ですし、65歳まで働くことは普通。もう、それが前提の社会なのです。

「定年夫婦」家計は、妻の働き方の見直しで劇的に改善！

「定年夫婦」の収入を増やす大作戦、実は大きなポイントになるのは「妻」。

妻のポテンシャルを最大限に生かすことで、「定年夫婦」家計は劇的に改善します。

まずは「プレ定年夫婦」の場合。

最近のデータでは、40～54歳の女性の就業率（働いている率）は、約80％（115ページ参照）。10人のうち7人の女性は、なんらかの形で働いています。

すでに妻がフルタイムや、パートでも厚生年金を支払いながら働いている場合は、貯蓄も増やせるうえ年金額も増えてかなり有利。

一方で、**今働いていない方が2割も**いる、ということ。その場合、働ける状況であれば、**妻が働くことで、家庭の収入は確実にアップ**します。

この効果の大きさを実感していただくために、1章の42ページに出てきた〝困った困った「定年夫婦」〟Bさんを思い出してみましょう。ご夫婦の妻が働いた例を試算してみました。次のページのグラフ（グリーン線）をご覧ください。赤字家計が飛躍的に改善しています。専業主婦だったBさんの妻が、もし40代で働き始めていたら！ Bさんご夫婦も悠々「定年夫婦」だったかもしれません……。

さらにもうひとつ、支出カットも組み合わせた場合も確認を。定年後、**「保険を解約」した場合**のグラフです。（グレー線）効果絶大ですね！ これを見れば、私が保険見直しをおすすめする理由が、ご理解いただけるのではないかと思います。

妻はいつまで働くか

今、既に妻が働いている場合は、ある程度安心。でも逆に言えば、「もうできることはないかも？」と思いがち。そうではないんです。次の2点で見直してください。

・妻はいつまで働くか？

・妻は（上限）いくらまで働くか？

データによれば、女性は50代になるまで働いても、50代後半、ましてや60歳を越えて働き続ける人は少ないよう。確かに50代になると教育費も払い終わり、子どもが独立すれば家計に少し余裕もできます。「そろそろゆっくりしたいわ」ということにな

Bさんの妻が働いた場合

43ページの例からＢさん妻が43歳から63歳まで年収118万円で働いた場合の貯蓄残高が緑のグラフ。2400万円近くの収入増で、家計は完全に黒字化。さらに夫の定年時に月額２万円の保険をやめた場合が、グレーのグラフ。30年分で720万円のプラスに！

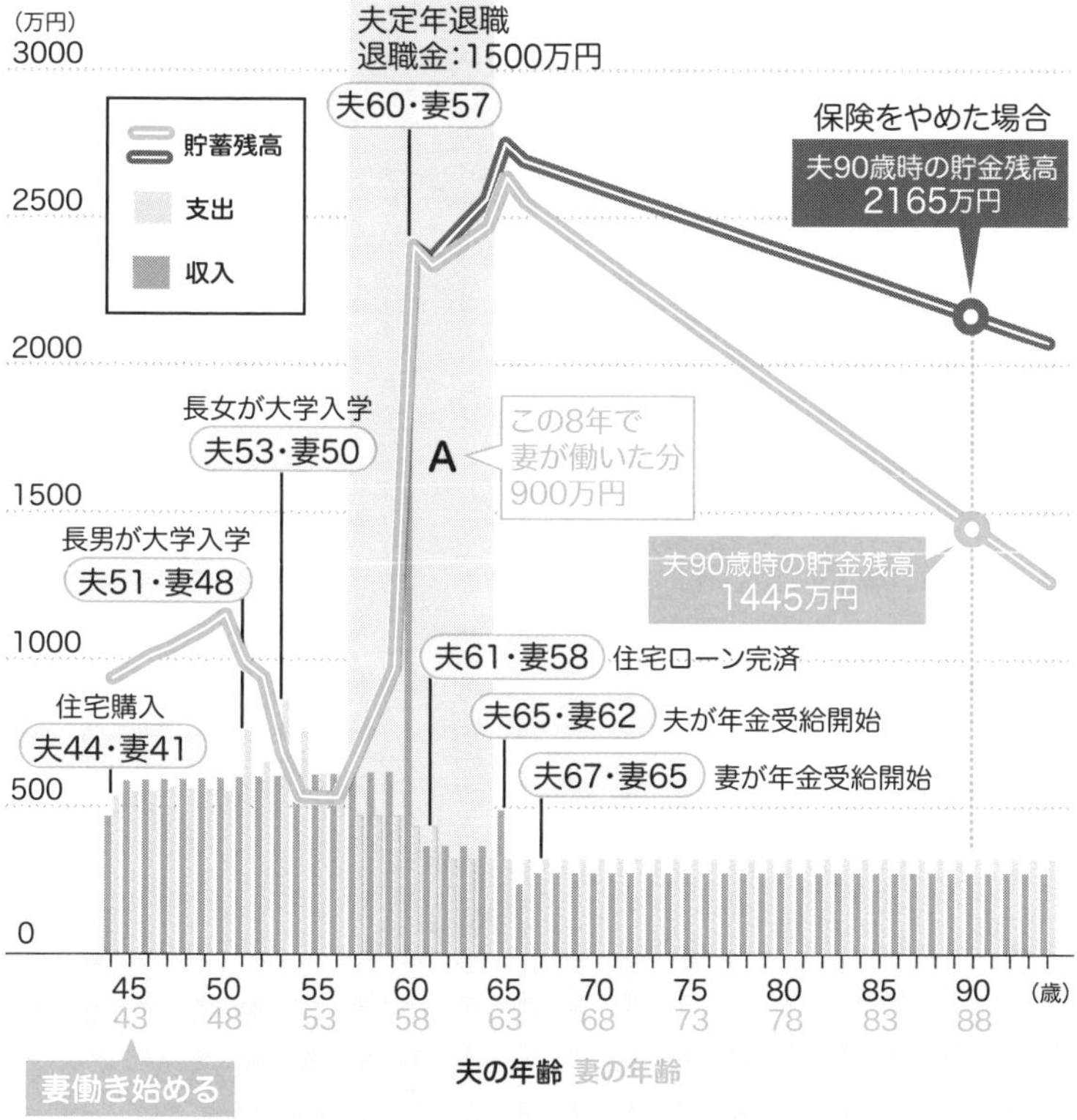

りそうです。

男女別の就業率グラフ（115ページ）でも55～64歳の欄を見てみると、男性は55歳時点で90％の人が働いているのに対し、女性はそれまでの70％を割り込んでいます。

私に言わせれば**「もったいない！」**のひと言です。

なぜなら、この**55歳～の数年間が実はとても大事**。ここで働くことが、「定年夫婦」の幸せ老後に大きく寄与するからです。その効果はやはりBさんご夫婦の例で明らか。

もういちど113ページのグラフを見てください。この例では、55歳以降も夫の年金が出る63歳まで8年、Bさん妻が働く設定で計算しました。その間（グラフA部分）の収入を合計すると……。

なんと、900万円！

Bさんご夫婦がこの900万円を手に入れることで、どれだけの余裕ができるか。

「働かないで暢気に暮らしたい」「妻に楽をさせたい」という気持ちもわかりますが、適度に働いて「お金に余裕ができて、自由になれる」ということもあると思います。

「お金を使わないようにしなくちゃ」ではなく、「ほどほど働いて稼いでくるから、その分、旅行して美味しいもの食べよう」と、前向きに受け止められるといいですね。

年齢階級別就業率の推移

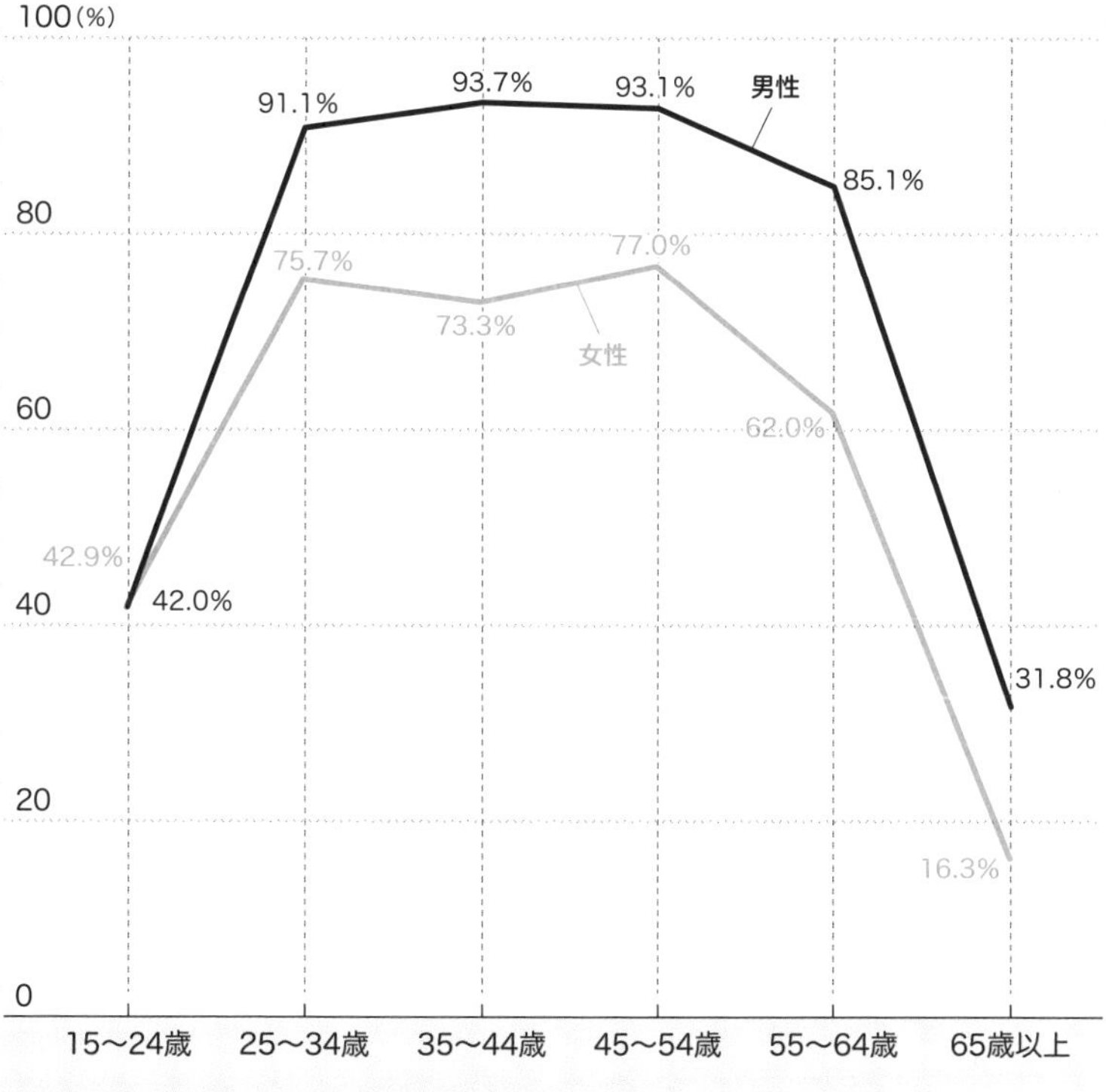

※2017年労働力調査より：第1 就業状態の動向 1 就業状態別人口 - 総務省統計局

各年代で「働いている人」の割合を示すグラフ。女性の場合55歳以降の有職割合が激減。４人にひとりは95歳まで生きる前提とすれば、55歳から40年間「無職」では厳しそう

妻は（上限）いくらまで働くか？

夫がサラリーマンの場合、妻が働くときに「〜万円の壁」を意識している場合も多いのではないでしょうか。これはもったいないですね。

この「壁」と言われるのは、**配偶者控除の適用限度額**。従来は妻の収入が103万円になると配偶者控除から**配偶者特別控除**の対象となり、夫の税金が徐々に増えて手取りが減り、さらに妻の年収が130万円以上になると、社会保険で夫の扶養対象でなくなり妻の収入から健康保険料や年金保険料が引かれるので、妻の手取りも減。そのため、妻が働く時間を減らす**「就業調整」**をして、103万円以内に抑える人が多かったのですが、2018年税制が改正されて、配偶者関係の控除を満額受けられるラインが103万円から150万円に引き上げられました（世帯収入などの条件あり）。

配偶者手当の支給条件を「妻の収入が103万円未満」としてきた会社も、税制改正に合わせて上限が見直されるでしょう。ただ、夫が高収入の場合は控除の対象にならないなど、この改正で税負担が増える場合もあり、配偶者控除は全体としては縮小

配偶者控除等の「壁」最新チェック

103万円 妻の年収が103万円を超えると所得税、100万円を超えると住民税の負担が発生。

＋

妻が社員501人以上の会社に勤務

【夫の年収】

1120万円以下	1120万円超～1170万円以下	1170万円超～1220万円以下	1220万円超
配偶者控除 38万円	配偶者控除 26万円	配偶者控除 13万円	配偶者控除 0万円

（1120万円以下／1120万円超～1170万円以下／1170万円超～1220万円以下）→

【社会保険の壁】
106万円の壁に気を付ける
年収106万円以上の場合は、社会保険に加入することになり、年14万円前後の負担が発生。ただ、年収が124万円を超えれば、働き損は解消される

→【配偶者特別控除の壁】
150万円の壁も
年収が150万円超になると、配偶者特別控除の額がだんだん少なくなる

→どんどん働く！
124万円（目安）超は手取り額が回復するので稼ぐほどおトク！

（1220万円超）→

【社会保険の壁】
106万円の壁に気を付ける
（同左）

→どんどん働く！

＋

妻が社員500人以下の会社に勤務

【夫の年収】

1120万円以下	1120万円超～1170万円以下	1170万円超～1220万円以下	1220万円超
配偶者控除 38万円	配偶者控除 26万円	配偶者控除 13万円	配偶者控除 0万円

（1120万円以下／1120万円超～1170万円以下／1170万円超～1220万円以下）→

【社会保険の壁】
130万円の壁に気を付ける
年収130万円以上になると、自分で社会保険に加入しなければならなくなる。ただ、年収が156万円を超えれば、働き損は解消される

→【配偶者特別控除の壁】
150万円の壁も
年収が150万円超になると、配偶者特別控除の額がだんだん少なくなる

→どんどん働く！
156万円（目安）超は手取り額が回復するので稼ぐほどおトク！

（1220万円超）→

【社会保険の壁】
130万円の壁に気を付ける
（同左）

→どんどん働く！

＊夫が家計を支えている家庭モデル。妻が家計を支えている場合は表中の「妻」↔「夫」で考える

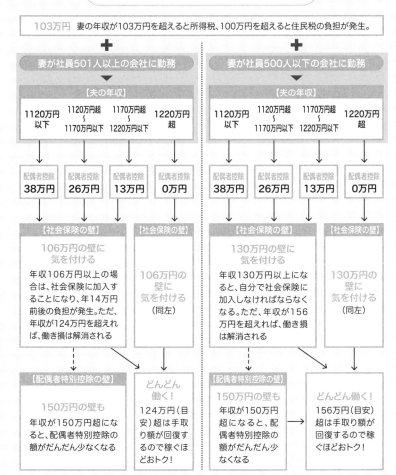

傾向。女性がより働きやすいように、制度の見直しが進んでいます。

２０１６年からは従業員５０１人以上の企業で働く場合は１０６万円以上働くと、その収入から**自分の分の社会保険料を払う**ことになりました。その負担は小さくありませんが、厚生年金保険料を払うので、**将来受け取る年金が増える**など、いいこともあります。今は人手不足の時代。パートでも扶養の範囲を気にしながら働く人より、ばりばり働いてくれる人が歓迎され、長く働きやすくなりそうです。

妻が働いた分、月に3万円を10年間貯蓄すれば、元本だけでも３６０万円に。もう少しがんばって、８万円を10年間貯蓄すれば？　１０００万円近く貯まりますね。

65歳以降！　も、楽しみながら働くのが理想

さらに望ましいのは、**夫・妻、ともに健康なら「65歳以降も働く」**ことです。

夫が会社員、妻が専業主婦（扶養の範囲内で働いていた人を含む）の場合、趣味に使うお金などを含めると、年金だけでは年間１００万円程度不足するケースが多いのですが、そのときもし**月8万円**の収入があれば、年間で96万円に。貯蓄に手を付けず

に生活できるわけです。もちろん、どちらかひとりでなく、**夫婦で8万円**でＯＫです。ふたりで８万円なら、なんとかなりそうな気がしませんか？
65歳以降は「働かねばならない」ではなく、「楽しく働きたいから」という気持ちが大事。個性を発揮できる働き方や好きなことで収入を得るのが理想です。

求人誌やハローワークで仕事を探すのもいいですが、掲載されているものだけ見て「これはやりたくないなあ」と気持ちをしぼませてしまってはもったいないですね。行きつけのお店や、やりたいことができそうな会社などに、**「こんなことができるので働かせてください」とアピールするのもいい**と思います。

大手企業に勤めていたR実さんは、定年を待たずに退職し、ペットシッターとして独立しました。お客様が旅行に行くときなどに自宅でペットを預かる仕事です。自宅でお金をかけずに開業できるし、60歳過ぎても70でも続けられる、と考えたのです。知り合いのペット仲間や獣医さんなどからの紹介と口コミで、顧客も広がっています。ペットが大好きなこと、人に接するのも好きで、初対面の人とでもコミュニケーションがうまく取れること、などがうまくいっている秘訣だと自己分析しています。

長く楽しく働けるよう、今から準備

65歳になって誰でもが「個性を生かせる働き方で稼ぐ」ことができるとは限りません。大事なのは、**そうしたビジョンを早めに考えておく**ということです。やりたいことに**資格**が必要ならば取得しておいたほうがいいですし、近い仕事で働いてスキルを磨いておけば、独立開業してマイペースで働くこともできます。

何の資格を取ればいいのか、と聞く人もいますが、資格取得には時間もお金もかかります。やみくもに手を出すのではなく、好きなこと、自分に合うもの、楽しく続けられそうなことを選ぶのが最大のコツです。

かくいう私もいろいろ資格を持っています。大学時代は社会学部で心理学を勉強していたので、心理学が関係するカウンセラーなどの資格や、栄養士の資格も取得。大学卒業後は就職しましたが、2年で結婚退職。専業主婦になりましたが、退屈になって医療事務の資格を取得し、月始めの5日間だけ働き始めました。今は社会保険労務士・ファイナンシャルプランナーとして仕事をしていますが、ほかにも宅地建物取引士、産業カウンセラー、キャリアカウンセラー、ＤＣ（企業年金）プランナー、などの資格を持っています。一番最近取得した資格は、なんと**「発酵マイスター」**（笑）。人生１００年時代には、確かな健康の知恵が必要だと思ったのですが、「資格を取る」という目標があることで、勉強するモチベーションが上がるんですよね。

多くの資格を取得したもともとのきっかけは、「もっと自分に向いている仕事があるのではないか」と試行錯誤したからです。私にもそういう時期がありました。あとで考えて「あの資格はムダだったかな」、と思うこともありましたが、気付いてみると、どの勉強も、今の仕事になんらかの形で役立っているようで、勉強したことは本当によかったと思っています。そして、「もしかするといつの日か、発酵の知識が役立つことがあるかもしれない」と、思いを巡らせるだけで楽しくなります。

今の仕事の中で、掘り下げる

一番ベーシックなことですが、今の仕事の中で、自分にしかできない事を極める、信用、信頼を得る、ということも大切です。

定年後の話ではありませんが、Hさんという男性は高校を卒業して信用金庫に就職しました。合併に合併が重なる中を彼は生き延び、今や大手都市銀行の経理の重役です。本人は「周りは高学歴の人ばかり」、と笑いますが、とても仕事が早く的確で、なにより信頼できる人だからこそ、そこまで出世したのだと思います。彼なら、退職したとしても、どこかから声がかかって、働き続けることでしょう。

出版の仕事を長年手がけてきたM本さん。63歳のときに、住んでいる町の小さな印刷会社でチラシを作るアルバイトがあると聞いて、「面白そうだな」と応募して、しばらく手伝いました。長年プロの目で文字や文章を見てきた彼がふとアドバイスすると、込み入ったチラシがわかりやすく、センスのいいものになりました。そのため次にまた別の案件が来たとき、M本さんに声がかかりました。そうしたことが重なり、いつしかM本さんはそこにデスクを持つように。友人の関わる劇団の宣伝チラシなども引き受けて、新規顧客の開拓にも貢献。「ディレクター」という名刺は持っているものの身分はアルバイト。それでも楽しみながら、ほどほどに収入を得ています。

元々の仕事を通じても、また個人でも、ひとつのことを極めたり、好きであったり、信用を重ねていけば、こんなふうに結果的にセカンドキャリアにつながったりします。元の職場の名声やポジションなどと目の前の仕事の違いを較べたりせず、できることを楽しんで、という姿勢が、うまくいく秘訣のような気がします。

「生涯働けるスキル」は、あなたの中にある

M本さんもそうですが、**「生涯働けるスキル」**を持つと、意外と不安を解消できます。「いざというときは働けばいい」と思えるからです。それは、特別なものでなくても大丈夫です。あなたの中に培ってきたもの、そこに需要があればいいのです。

K子さんは65歳から70歳までの5年間、給食センターで週5日毎日3時間、働きました。退職した夫と一日中顔を合わせているのが嫌になって働き始めたそうです。栄養士の資格を持っており、20代の頃は社内食堂に勤務。その後は専業主婦でしたが料理が好きだったのですぐ仕事に慣れました。「娘や孫ほどの年代の人たちと働くのが

楽しくて。こちらに気持ちの余裕があると、あちら（夫）にもいい影響があるのか、少し家事を手伝ってくれるようになったの。生活のリズムができて、元気になれました」と話してくれました。もちろん、生活のゆとりも増したのは間違いありません。

K子さんのように、働くことが**お金以上のメリット**をもたらす例は少なくありません。スキルを生かすと言っても、長年主婦だった彼女の場合、資格より「料理上手」というのが強みでした。いつも笑顔をほめられたり、掃除が手早くて身の回りが小ぎれいだったり。そうしたことも、立派なスキルです。カフェや食堂、医院やハウスクリーニング、スーパーなどどこでも、スキルが合うと、力を発揮して楽しく働けます。収入も、〇万円稼がなきゃ、と思えばプレッシャーですが、1日3時間程度など短時間で、無理なく、気分転換も兼ねて、健康のために、と思えば楽しく働けます。

リタイアして気づく、「働けることは、幸せ」

たくさんの「定年夫婦」と出会ってきて共通するのは、普段嫌々仕事に通っているようでも、「なんだかんだ言っても働けることは幸せなんですよ」とみなさん口を揃えること。

今、それを実感している方も、そうでない方も、**もう一度働くことを考えて**みてください。新しい自分、新しい世界と出会えたら、人生１００年でも足りないくらい、楽しんで暮らせるはずです！

運用して増やす！
知る・知らないで大違い！　お得な新制度を使い倒す

どうせ貯めるなら、有利に貯めましょう！

「定年夫婦」時代が視野に入ると、年金だけでは生活費が足りないことを実感すると思います。しばらくは働くとしても、完全リタイアしたときに、生活に困らないだけの貯蓄は必要と思って用意しておいたほうがよさそうです。

せっかくお金を貯めるなら、「お得」がいいですよね。「年金だけでは足りない」世代のために、税制優遇のある、お得な制度が出てきています。最新の情報を知って、「自分年金」づくりをいち早く始めましょう。

プレ定年夫婦向け

今、そのお得な制度の筆頭に挙げられるのが、**「確定拠出年金」**です。確定拠出年金は、60歳未満の人が利用できる、積み立て制度。会社が掛け金を支払う**「企業型DC」**と、本人が支払う**「個人型DC」（iDeCo）**があり、原則、**重複しての利用はできません**。どちらも60歳まで掛け金を払って積み立てながら自分で金融商品を選んで運用し、60歳以降に受け取る仕組み。運用の結果次第で受け取り額は変わります。

中途解約はできません。ですので、教育資金や住宅購入などの大きな出費と上手に調整しながら早めに加入したい、「プレ定年夫婦」におすすめの制度でしょう。50代でも加入できますが、**加入してから受け取るまで、最低10年という決まり**があり、10年未満の場合は加入期間により最大65歳まで受け取りが遅れますので、ご注意ください。

加入できる人が拡大した個人型DC（iDeCo）のメリットと利用法

・iDeCoは、個人型。自分で金融機関を選んで掛け金を支払い、その金融機関が用意する中から自分で商品を選んで運用します。昨年から公務員や会社員の妻の専業主婦（第3号被保険者）などに対象者が拡大。6700万人に増えました。iDeCoに加入した社員に事業主が掛け金を上乗せ拠出できる制度（注1）もできています。掛け金も、ひと月5000円から、と少額から始められます（上限は立場により違うので確認を）。2018年1月から、毎月拠出だけではなく、ボーナスなどにまとめて拠出することもできるようになり、年単位でなど、拠出の選択肢も増えています。

そんな利便性の高さに加えてなによりのiDeCoの注目ポイントは**「税制優遇」**。本人が支払う**掛け金は、全てが所得控除**されます。例えば、年27万6000円拠出の会社員の方で、所得税と住民税の合計税率が20％の場合、年5万5200円の節税効果があります。運用して得た**利益も非課税**、受け取り時も退職金所得控除や、公的年金等控除などが適用に。拠出、運用、受け取りの3つの場面でお得です。

企業型DCとそのメリット、利用法

企業型DCは、企業が契約している運営管理機関と運用商品の中から、従業員本人が

（注1）小規模事業主掛金納付制度。一定の条件の元、会社が規約を改定する必要がある

iDeCoで老後資金を積み立てながら節税

◎ iDeCoの掛金は全額所得控除

所得税や住民税は年収からいろいろな所得控除を引いた「課税所得」に税率を掛けて計算される。iDeCoに掛けた分は控除されるため課税所得は少なくなる

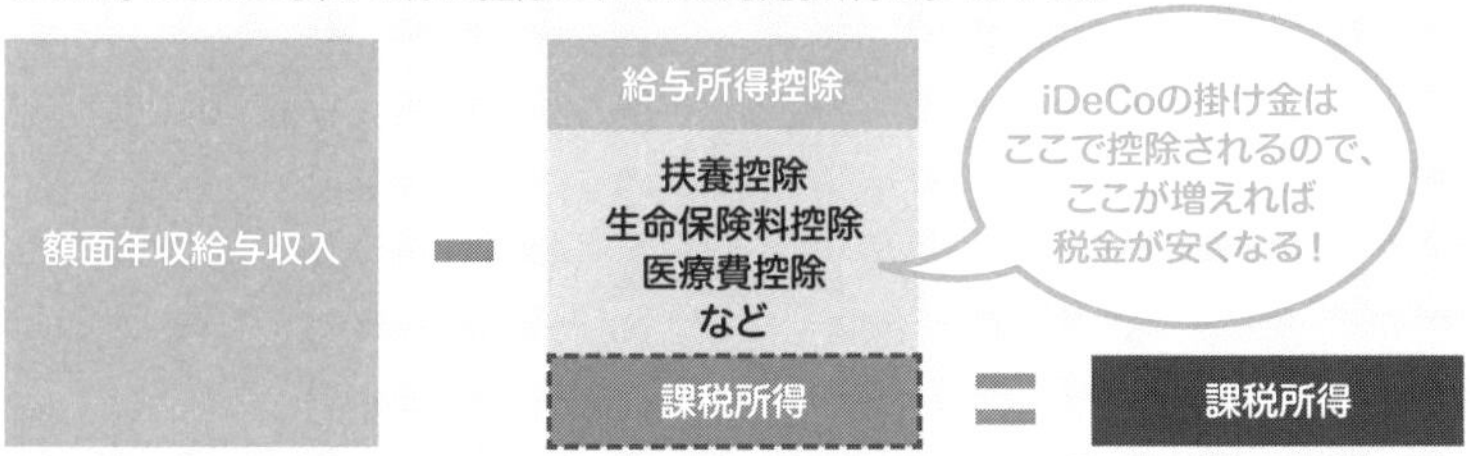

◎ iDeCoの仕組みと3つの税制優遇

iDeCoには3つの税制優遇が

❶拠出時の掛け金は所得控除
❷運用益は非課税
❸受け取り時に退職所得・公的年金等控除の適用に（所得税がかからないor少なくなる）

効率よく資金を増やせる！

❷運用時…運用益（利息や配当）は非課税
※運用段階の年金資産には通常特別法人税が課税されるが、現在は凍結中

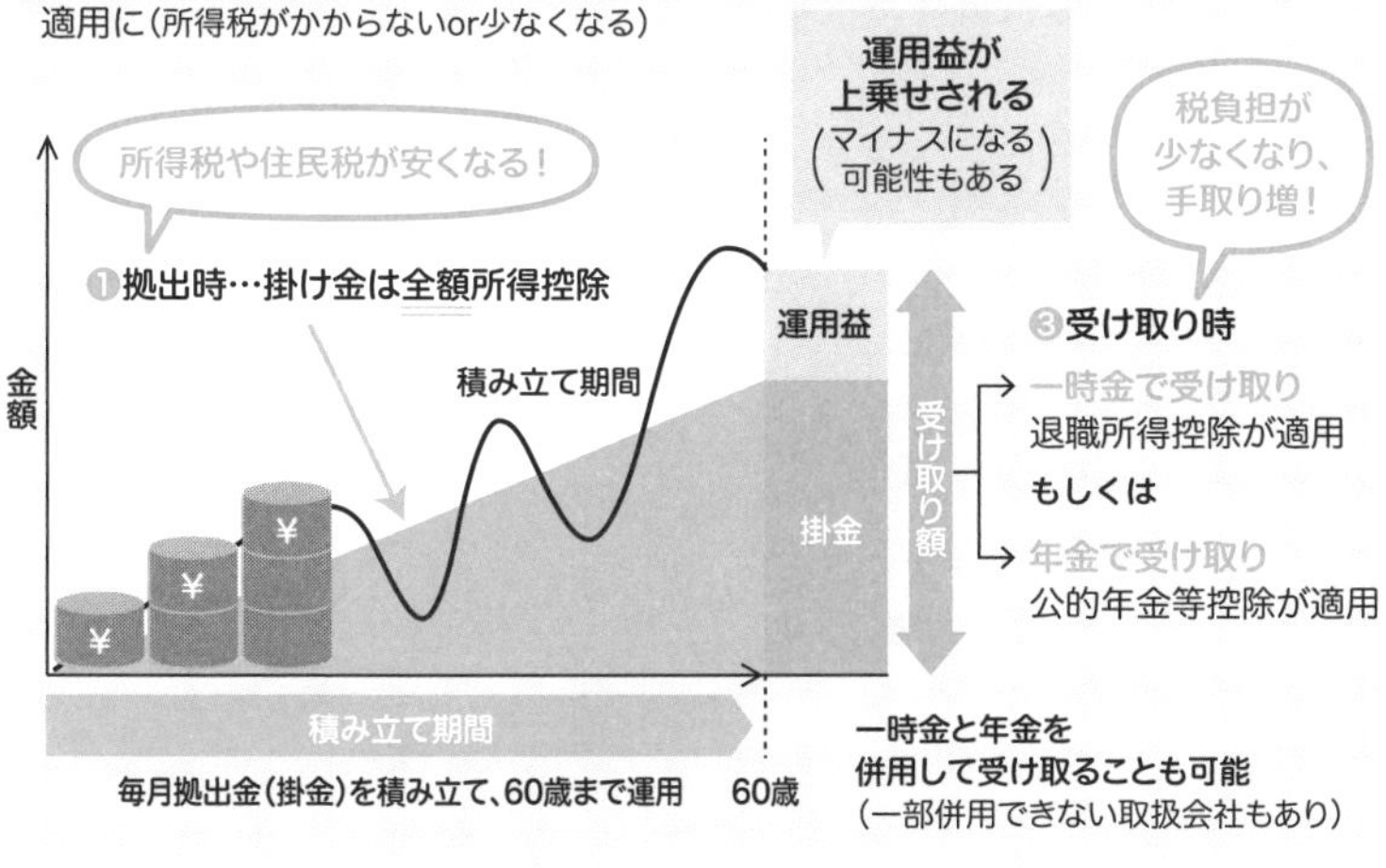

選んで運用します。企業型は、掛け金や口座管理手数料も企業が支払ってくれますし、iDeCo同様、運用益の**非課税メリットも**あります。企業型DCが導入されている企業の社員は原則iDeCoには加入できませんので、該当する方は企業型で運用を。

メリットの大きい企業型ですが、その残高を見ると約6割の運用先が定期預金などの「元本確保型」商品。それでは非課税メリットも生かせず、インフレヘッジの効果も低いまま。運用商品を見直して、必要なら有利なものに変更を。

企業型DCの導入企業の4割に**「マッチング拠出」**という仕組みがあります。企業が支払っている掛け金に、従業員本人も「上乗せ」して掛け金を出すものです。自分で支払った掛け金はiDeCoと同じように所得控除（所得税・住民税）の対象です。

マッチング拠出の場合、本人が上乗せできるのは企業が出している掛け金額以下であること、企業が支払う掛け金と本人の上乗せ分の合計額が、企業型DCで決められた上限額を超えないこと、などの条件があります。まずは会社の担当部署に確認を。

積み立ては簡単だけど、運用はどうすればいいか？

ｉＤｅＣｏや企業型ＤＣなどの確定拠出年金で運用時に選ぶ商品は**「投資信託」**のほか、「定期預金」などの元本確保型商品もあり、投資が不安な方も安心です。でもせっかくの運用商品なのでここでは、長期運用をする前提で、運用先を考えてみましょう。

投資信託の運用方法には、**インデックス型**と**アクティブ型**があります。たとえば日本株式への投資なら、インデックス型は「日経平均株価」、などの株価指数と同じ値動きをすることを目指す投資信託です。一方、アクティブ型は、投資信託の運用会社（ファンドマネージャー）が個々の株式銘柄を調査、分析し株価指数を超える運用成績を積極的に目指す投資信託です。その分、運用管理費用（信託報酬）が高めであるため、それを超える運用でないと利益はありません。ｉＤｅＣｏも企業型ＤＣも、長期で積み立て運用するので、**運用管理費用が低いインデックス型がオススメ**です。

ただ、インデックス型と言ってもたくさんあります。その中で、どのような商品を選べばいいのでしょうか。ポイントは「分散投資」です。

投資は、どの資産、銘柄がいつ上がるのかなど短期で考えるのは困難ですし、当たるはずもありません。また、たとえばすべての資金を日本株に投資すると、日本の株価が大きく下がったら大きな損失を被る可能性があります。一度にまとめての投資は危険。じっくり長期で分散投資、が大事なのです。分散するなら世界全体に幅広くがおすすめ。**世界全体の株価指数に連動する投資信託がいい**でしょう。

　値動きの激しい株式を少し持ち、値動きの穏やかな債券の投資信託も一定の比率で持っておく、というのも賢い選択。でも、投資先の比率を決めるのは難しいですよね。投資信託には**「バランス型」**といって、日本株、外国株、日本債券、外国債券の基本4資産（ＲＥＩＴなどの組み合わせもあり）がパッケージされた商品があります。4資産を25％ずつ等分に設定したものや、ＧＤＰにあわせた割合で設定したものなどを選択肢に加えてもいいですね。

　選んだ商品を成績などにより見直したい場合は、費用なしで選び替え（スイッチング）や、割合の変更（リバランス）もできます。

　ｉＤｅＣｏや企業型ＤＣは、個人で投資信託を利用する場合に比べて運用の際の運用管理費用（信託報酬）が安く設定されているのも利点。「分散投資」のできる商品を選び、低コストでコツコツ積み立て投資をしておけば、60歳以降の退職後資金のベースを作ることができると思います。ぜひ、検討してみてください。

iDeCoの金融機関選び

　iDeCoを始めたい場合は、個人で銀行、証券会社、保険会社などの運営管理機関を自分で選び、加入申し込みをします。金融機関選びのポイントは３つです。

１　投資信託の品揃えと、運用管理費用（信託報酬）が低いか

２　コールセンターや窓口の対応サービスは充実しているか

３　口座管理手数料の比較

１、**投資信託の品揃えと運用管理費用**は、次の３点でチェックしましょう。

・日本株、外国株、日本債券、外国債券の基本４資産でインデックス型投信がある

・バランス型投信がある

・運用管理費用（信託報酬）インデックス型で０・２％前後など低め

２、**サービスの充実**については、60歳まで長くつきあう金融機関だけに、よく考えた

いもの。窓口のほかにコールセンターで相談できるか、もポイントです。仕事中は電話できない場合は土日対応の有無や、平日の営業時間なども確認しておきたいですね。

加入の申し込み用紙の記入がパソコンやスマホで簡単にできる金融機関もあり、作成後プリントアウトして郵送します（りそな銀行、みずほ銀行、MYDCなど）。

どのようなカテゴリーに投資すればいいのかも迷いますね。ロボアドバイザーや、電話でアドバイスが受けられる金融機関もあります。参考にしてもいいでしょう。

ファイナンシャルプランナーを無料で派遣している銀行もあります。りそな銀行の「FPデリバリーサービス」がそれ。同行は東京（八重洲）と大阪（枚方）でiDeCoの運用相談ができる専用窓口「つみたてプラザ」も開設しており、対面で相談ができるのもいいですね（利用する場合は、ウェブサイトから予約を。利用法などは確定拠出年金用情報サイト「iDeCo個人型確定拠出年金スタートクラブ」から確認可能）。

3、**iDeCoにかかる費用**は、まず加入時に、国民年金基金連合会への手数料が2777円（加入のときのみ）。年間にかかる費用は、国民年金基金連合会分、運営管理機関分（口座管理手数料）、信託銀行分に分かれています。

手数料のうち運営管理機関分がゼロ円のところもあるので、選択のポイントに。

NISA・つみたてNISA・iDeCoの比較

		NISA	つみたてNISA	iDeCo
投資可能期間		2027年まで（口座開設は2023年まで）	2018年から2037年まで	限定なし
税制優遇	拠出時	—	—	全額所得控除
	運用時	非課税（5年間）	非課税（20年間）	非課税
	受取時	—	—	公的年金等控除 退職所得控除
投資対象		上場株式、投資信託など	投資信託、ETF（一定の要件あり）	投資信託、預金額、保険商品など
加入資格・対象年齢		その年の1月1日時点で20歳以上の日本居住者	その年の1月1日時点で20歳以上の日本居住者	20～59歳（厚生年金加入者は20歳未満も可）の自営業、学生、会社員、公務員、専業主婦など
限度額（年額）		120万円	40万円	14万4000円から81万6000円
途中引出		いつでも可	いつでも可	原則60歳まで不可
申込先		銀行、証券会社など	銀行、証券会社など	銀行、証券会社、保険会社など 国民年金基金連合会のホームページに掲載

数多くある運営管理機関から選ぶのが大変なら、確定拠出年金教育協会**「iDeCoナビ」**やモーニングスターの**iDeCo総合ガイド**も参考にすると便利です。

フリーランスや自営業の夫婦にはスペシャルな年金制度も！

自営業者やフリーランスの人は退職金がなく、年金も受給金額の少ない国民年金のみ。そのため、**会社員の人より多めの自分年金を用意することが重要**です。前述したiDeCoやつみたてNISA以外に、自営業者やフリーランスだけが利用できる有利な制度があり、節税しながら退職後の資金づくりができます。

そのひとつが**「国民年金基金」**です。自営業者などが任意で加入する公的な年金制度で、終身年金と確定年金（一定の期間だけ受け取るもの）、60歳受け取り開始、65歳受取り開始など、複数のタイプがあり、一定の範囲内で組み合わせて加入します。掛け金の上限は毎月6万8000円、年間81万6000円です。

国民年金基金はiDeCoと合わせて利用することもできますが、その場合は、両方合わせての年間の掛け金が、年間81万6000円までとなります。

一方、自営業者やフリーランスが個人で退職金や年金に代わる費用を積み立てるのが**「小規模企業共済」**。従業員20人（サービス業などは原則５人）以下の個人事業主や、会社役員が加入できます。毎月１０００円から7万円までの積み立てで、年間で最大84万円加入でき、退職・廃業時に一括、分割、または一括と分割の併用で受け取ります。いずれも、掛け金は全額所得控除されるのでお得です。

国民年金基金とｉＤｅＣｏは、積み立て上限額の枠がひとつ。自営業の方なので、合わせて年間81万６０００円までですが、小規模企業共済は、それらとは別に加入できるので、**両方をフルに利用すれば年間で１６５万６０００円の積み立てが可能**。これらの**掛け金が全部所得控除**されるため、所得税率が10％の方なら、フルに利用すると**16万円強の節税に**なります。大きなメリットですね。

もちろんひとつずつでも利用はお得です。継続して大きな額は無理……という方には国民年金の付加年金がオススメです。国民年金の保険料に「月額４００円」の**付加保険料**を納めることで年金の支給額が２００円×納付月数分多くなります。２年間受け取ればモトがとれるため断然お得です。付加保険料も、所得から控除できます。ただし国民年金基金に加入している人は付加年金を納めることはできませんのでご注意を。

プレ定年夫婦&リアル定年夫婦向け

今年からスタート！ 注目の「つみたてNISA」

勤務先で企業型確定拠出年金があってiDeCoが利用できない人や、60歳以上でまだまだ現役、という人は、**「つみたてNISA」**を活用しましょう。

つみたてNISAとは、毎月一定の額で投資信託やETF（上場投資信託）を積み立て購入していくもの。得られた利益は非課税になります。**年間40万円までの投資を最大20年間、利益への課税なく積み立てできる**わけです。iDeCoと違って**いつでも売却**できます。ただ、売却した分の非課税枠は、再度利用することはできません。

購入対象の投資信託・ETFは、金融庁が基準を定め、長期の積み立てと分散投資に向いたものに、絞り込まれています。手数料が高いものや、信託期間が短いもの、複雑な商品設計のもの、利益を積み重ねづらい毎月分配型などは、つみたてNISAでは取り扱いません。インデックス型が全商品の9割を占め、海外資産を含むもので

つみたてNISA

額を決めて定期的に継続して〝積み立て〟ながら投資をするしくみ。毎月積み立ての場合、3万3333円が上限。ボーナス時増額などで、ぴったり非課税上限額の40万にすることも可能。金融機関によっては20年が最長期間で、その後の再投資はできない。

上手な活用法は？ 毎年40万円ずつ20年間投資を行う

毎年40万円を上限に非課税投資枠を利用できます。各非課税投資枠の非課税期間は最長20年間。最大800万円が非課税投資の対象となります。

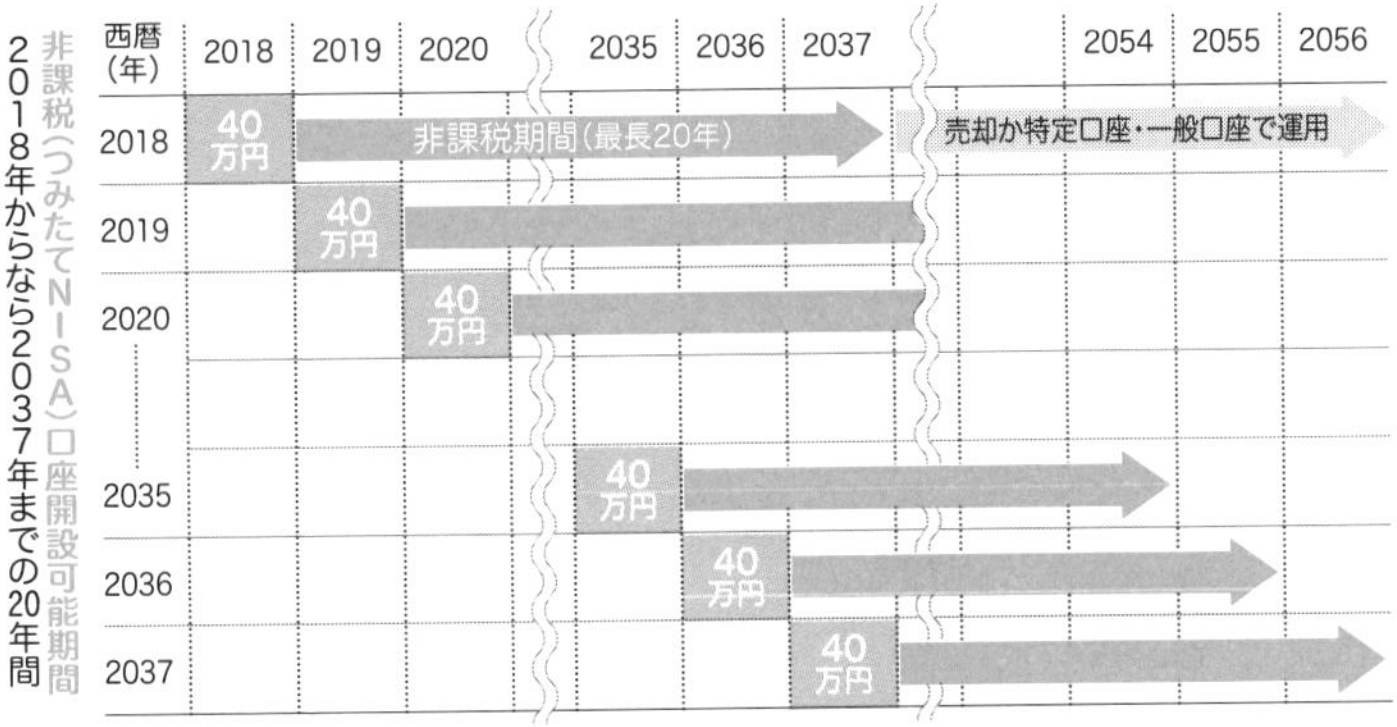

積み立てとして考えると

例 33000円（ほぼ満額）×12か月×20年（最長）で、最大約800万円の積み立て！

つみたてNISAの特徴

1. 長期積み立て分散投資に適した一定の投資信託が対象
2. 非課税での購入は毎年40万円まで
3. 非課税投資枠の総額は最大で800万円
4. 非課税期間は購入してから最長20年間

も運用管理手数料が0・75％以下と低め。一方アクティブ型は全体の1割と少ないうえ、純資産50億円以上、信託開始以降後5年経過など、条件を厳しく絞ってあります。

投資信託は1本に限らず、A投信1万円＋B投信1万円＋C投信5000円など、複数本の投資信託を組み合わせることもできます。

金融機関を選ぶ際には、信頼性や利便性とともに、運用したい商品を扱っているかどうかも重要なポイント。マネックス、楽天、SBIなどのネット証券は、承認された投資信託のほとんどを取り扱っています。

年間40万円を20年間積み立てれば**元本だけで800万円**に。医療、介護の資金にぴったりです。iDeCoのような所得控除はありませんが、**利益は非課税、いつでも売却できる**ため、老後資金だけでなく住宅リフォーム費や教育費にもなる使い勝手の良さが魅力。iDeCoをはじめるには年齢が高くてダメ、という方も大丈夫です。

iDeCoとつみたてNISAは、同時に利用できます。所得控除の点で、まずはiDeCoがお勧めですが、上限枠以上の余力があれば、つみたてNISAにも投資しては。夫はiDeCo、妻はつみたてNISA、と各々積み立てるのもいいですね。

「貯金」「退職金」の「大きなお金」は、間違って減らさないように

退職金や、貯めたお金の運用はズバリ！ これ一本でOK

支出を減らしたり、お得に運用したりして、**貯金**の額がだんだん増えてきたとき。

また、いよいよ退職の日を迎えて、**「退職金」**を手にしたとき。

その、**「まとまったお金」**はどう運用すればいいのか、という悩みが生まれます。

なんといってもこの**低金利**。銀行の普通預金では、１０００万円預けても、１年後の利息はせいぜい１０００円。しかも、ここからさらに20・315％の税金が引かれます。それではばかばかしいからと、「投資をして少しでも増やしたい」、という人も

多いですが、ズバリ、私の意見を言わせてもらいます。

預金でいいと思います。

……（笑）、ガクっとされたかもしれませんね。

でも、50代以上で投資に不慣れな人は、今あるまとまったお金はひとまず預金で置いておく、というのがベストです。

投資は預金より増える可能性がある一方で、**元本割れ**の可能性もあります。まとまったお金で一度に投資をすると、高いときに買ってしまう〝**高値づかみ**〟になるおそれがありますよね。なので、投資をするならiDeCoやつみたてNISAなどの「積み立て」が適しているのです。高い時も安い時もコツコツ買えば高値づかみは避けられますね。

ですので私はいつも、**まとまったお金はとりあえず預金。投資をするなら積み立ての商品などを利用して別途にして**、とお伝えしているわけです。

11 預金先――どこに預けるのがいいか？

考え方はふたつあります。

あまり手間をかけたくない、というなら、**いつも利用している銀行の定期預金へ。**

お金を運用する際の鉄則は、

・**金利が低いときには変動型で期間の短いもの**

・**金利が高いときには固定型で期間が長いもの**

です。金利が低いのであれば、**１年定期を更新**していくのが適しています。

一方、少しでも有利なものがいい人は、預金ではありませんが**個人向け国債（変動型）**が候補になるでしょう。

個人向け国債は、国が発行する債券で、個人向けに買いやすい内容になっています。

債券とはいわば借用書のようなもので、預けたお金は貸したようなもの。定期的に利息が支払われ、満期がくれば額面の金額が戻ってくるものです。

いくつかの種類がありますが、金利が低いうちは「10年変動型」が最有力候補です。金利は半年ごとに見直されますが、0・05%以下にはならないよう、最低保証があります。多くの都市銀行の定期預金よりはマシですね。変動型であれば、インフレで金利が上がった場合、現在よりも利率がよくなります。10年満期ですが、1年たてば解約もでき、元本を下回ることはありません。

もし投資をするならNISA

投資経験がある程度ある方が資金の一部で投資したい、という場合には、**「NISA」**を検討しましょう。

先に「つみたてNISA」について述べましたが「NISA」のほうは積み立てだけではなく、**年間120万円までを5年間、利益が非課税で投資できる制度です。**投資先はETF、株式型投資信託などで、証券会社などにNISAの専用口座をつくって投資します。ただし「つみたてNISA」との選択制。利用はどちらか一方です。

「退職金の運用商品」にはご注意を

退職金の運用について、注意点をおさえておきましょう。

多くの金融機関では、〝**退職金を受け取った人**〟**限定の特別な商品**を用意しています。主流なのは、**「特別金利」の定期預金**。『１％』『１・５％』など、一般の金利よりかなり高い水準です。ただし、よく見てください。**（3か月もの）**などと書いてあります。その場合、高い金利もあくまで３か月限定。１０００万円を１年間、１％で預ければ利息は10万円のはずですが、３か月なので２万５０００円（いずれも税引き前）です。

それでもお得ではありますが、金融機関にも思惑があるでしょう。満期がきたら、そのお金を**投資信託や外貨預金、保険などへ誘導しようと思っている**はずです。

また投資信託や外貨預金を買ってくれたら、それと同額まで、特別な金利で定期預金を預かる、というパッケージプランもあります。定期預金の分は確かにお得ですが、一方の投信や外貨預金で**高い手数料を取られる場合もあり**、トータルでは損することもありますから注意してくださいね。

「インフレが来るぞ〜」と言われて一種の「賭け」に飛び込むのはやめて

「預金ではインフレに勝てないから投資すべき」「外貨を買っておけ」という話も聞きます。でも、そんな心配は無用です。慣れていない方の場合、**インフレでお金が目減りする確率より、まとまった投資で損をする確率のほうが、高そう**に思えるからです。

家電メーカーの課長として定年退職を迎えたT子さんに、証券会社の人から連絡がありました。「今後日本が大幅なインフレになって円の価値がなくなる可能性もあるから外貨に投資しておいたほうがいい」、と言われたそう。

これはもちろん**セールストーク**ですね。こうしたトークに踊らされても、投資は自己責任。カモになってドルを買ったあとに円高になって損をしても、お金は返ってはきませんので、要注意です。

急激なインフレが来て大変なことになるぞと脅かすのは、多額の投資をしてほしい金融機関の人だけだと、私は思います。オオカミに騙されてはいけません。

考えてみてください。

１％の物価上昇が30年続くとお金の実質的な価値が25%減りますが、もし**1%物価が上がったら1%分節約すればいいのです**。インフレになって１００万円の価値が99万円になったり、98万円になったりしたら、それ相応の使い方をすればいいのです。食費が5万円の家庭の場合、１％物価が上がると5万５００円になります。でも、これまでも値上がりしたときは買い控えしたり、ほかのもので間に合わせたりしてきましたよね？　５００円ならそれほど苦労なく節約できるでしょう。

インフレになったら、少しタイムラグはありますが預金金利も多少上がります。貯金の金利は増えますが、そのとき株が下がるかどうか、為替がどうなるかも、今語られていることはすべて「予測」です。「インフレになって円が売られて外貨が上がる」という人もいれば、正反対の予測をする人も世の中にはいます。どちらかに「賭ける」ということは、ギャンブルも同じ。失うときには大きな損失になりかねません。

「定年夫婦」こそ、慣れない投資は命取り

特に「定年夫婦」だからこそ、安易な投資話に気を付けて、と私が言うのには、わけがあります。退職金を手にした「リアル定年夫婦」には、あちらこちらから**「投資」「有利な金融商品」のお誘い**がくるでしょう。40代から50代の「プレ定年夫婦」にも、さまざまな「定年後への準備」を勧める声がかかると思います。

ただ、先ほども言ったように、投資は不確定なもの。一度に大きなお金をつぎ込んでしまったり、短期間で売買を行うのは「投資」ではなく「投機」です。**気が付いたらほとんど無くなっていた、**という話も珍しくはないのです。

40ページの〝困った困った「定年夫婦」〟のAさんのように、起死回生でお金を増やそうとして、逆に大きな損を出すことも。30代、40代なら多少損しても挽回できますが、**定年世代の大損は致命傷**です。これから投資を始めるという人は積み立てに限定。まとまったお金を投資して損するなんて、**インフレよりずっと怖い**ですよ。

年金など、もらえるお金を受け取り方で「さらに増やす」裏ワザ伝授！

年金が４割増し！ 繰り下げ受給の威力

この章ではこれまで「稼いで」「貯めて」と、あの手この手でお金を作る方法を考えてきました。ここからは視点を変えて、手に入ると決まっているお金を、**より多く受け取る**ための工夫、一種の裏ワザをご紹介しましょう。その第一は、**公的年金**です。

実は公的年金には、なんと４割も年金受給額が増える、という驚きの一手があります。それは、**「支給開始年齢になっても年金を受け取らない」**というもの。意外ですね。

公的年金は支給開始年齢が決まっていますが、自ら選択して受給を遅らせる方法を**「繰り下げ受給」**と言います。「繰り下げ受給」にすると、年金額が増えるのです。

1年あたり約8%受給額が増えるので、65歳の支給開始年齢を70歳まで遅らせると**最大42%も受給額が増えます**。国民年金に40年間加入した人の通常の支給額は、年額78万円ですが、**70歳からの受け取りにすれば33万円以上増えて年間約111万円に!**

繰り下げ受給は、国民年金部分、厚生年金部分の一方でも、両方でも可能。1か月単位ででき、**月0・7%増、最大で70歳まで5年間繰り下げられます**。

年金は、支給開始日が近づいたら自分で年金事務所に手続きに行くのですが、繰り下げ受給をするには、もらうと決めた時まで年金を受け取る手続きをしないでください。もらう時に**「繰り下げの請求書」**を提出します。繰り下げ年齢の上限は70歳。それ以降繰り下げても増額はありません。最近はこの上限年齢を75歳に上げるという案も出ていますので、今後もっと長く繰り下げできるようになる可能性もあるでしょう。

長生きでなくても繰り下げ受給で損しない方法

繰り下げ受給は受け取らない期間がある分、ある程度長生きしないと総額では損になることもありますのでご注意を。**受給開始から12年程度が損益分岐点**です。それを

老齢年金を増やす方法もある

年金の受け取りを遅らせる（繰り下げる）と、年金が増える。下表は65歳から受け取った場合の1年間の年金額を100としたときの受け取り総額。例えば65〜77歳までの受け取り総額は100×13年間で1300。繰り下げた場合の受給総額は、12年後以降でプラスに。

年金の受け取り開始年齢	65歳〜	66歳〜	67歳〜	68歳〜	69歳〜	70歳〜
受給率（65歳から受け取った場合を100とした、年金支給割合）	100	108.4	116.8	125.2	133.6	142.0
この年齢まで生きた場合の受け取り総額例（万円） 77歳時点	1300	1300.8	1284.8	1252.0	1202.4	1136.0
78歳時点	1400	1409.2	1401.6	1377.2	1336.0	1278.0
79歳時点	1500	1517.6	1518.4	1502.4	1469.6	1420.0
80歳時点	1600	1626.0	1635.2	1627.6	1603.2	1562.0
81歳時点	1700	1734.4	1752.0	1752.8	1736.8	1704.0

何歳まで生きると繰り下げによる増額効果が出るか？

65歳から受け取るより"年金総額"で多くなるのが **緑の部分** 以降

例 66歳からなら→77歳以降　70歳からなら→81歳以降

超えれば、**長生きするほどお得**です。

そう言われるとうーむ、と考えてしまいますね。**長生きできるかどうかは神のみぞ知る**。損にならないかと迷いそうですが、心配は無用。損を回避する方法もあります。**「繰り下げ」た分を一括で受け取ることもできる**からです。

繰り下げた分を毎月の受給に増額してもらいたい場合には、受給開始時に「繰り下げの請求書」を提出します。しかし「繰り下げの請求書」を提出せず、受給の手続きだけをすると、**それまで繰り下げた分の年金分が、一括で支給される**のです。その場合、繰り下げによる年金の増額はありませんが、5年前までの分は間違いなく受け取れますから、損はありません。

繰り下げ受給を選んでも、体調に不安が出てくるなど、この先長生きの自信はないかも……と思ったらその時、それまでの分を一括で受け取ればいいのです。

65歳まで生きた女性の約半数は90歳まで生きるということですから、女性はなるべく70歳まで繰り下げたいところ。女性より平均寿命が短い男性は、自分の健康状態をみながら、受給開始時期を検討するといいでしょう。一括受け取りならもらい損ねがありませんし、1か月遅らせるだけでも年金が0・7％増えるのですから、短期間の繰り下げでも検討の価値はあると思います。

「長生き不安」に備えるなら、妻の分を繰り下げ受給にするのが正解

とはいえ、年金は定年後の生活費の柱。受給を遅らせることなんて可能でしょうか。それは、**いつまで働けるか**にかかってきます。支給開始年齢になったあとも働いて収入が得られていれば、不安なく支給時期を遅らせることができます。たとえば70歳まで繰り下げ受給にして年金を受け取らず、仕事で得た収入で生活できれば、**70歳からは通常支給より42％多い年金が受け取れる**のです。年金の受給額が22万円の世帯（注）で、ふたりとも全額を70歳からの受給にすれば、受給額は約31万円。これだけあれば毎月の基本生活費は年金だけでまかなえそうですね。

働いた収入だけで70歳まで暮らすのは無理そう、という場合は、オススメの手があります。**妻の年金だけ最大限繰り下げる**のです。夫の年金があれば妻の年金はなくてもいけるかも。これは**「定年夫婦」ならではの、賢い裏ワザ**です。

夫より妻の分を繰り下げ受給にするのには、もちろん理由があります。ズバリ、**統**

（注）夫が会社員・妻が専業主婦（扶養の範囲内で働いていた人を含む）のモデル試算

計的には女性のほうが長生きだから、です。

前述のとおり、繰り下げ受給で得するにはある程度長生きする必要があります。一般的に男性より女性のほうが長生きだから、妻の分を繰り下げたほうが損をしない可能性が高いというわけです。

妻に起こりがちな「おひとりさま老後」への備えも大事

夫の年金より妻の年金を繰り下げ受給にしたほうがいいのには、もうひとつ理由があります。それは、**夫が先に旅立ったあとの妻の生活に安心感があるから**です。

公的年金は、夫の分は夫に、妻の分は妻に支給されます。女性の平均寿命87・14歳に対し、男性は80・98歳で、女性のほうが6年も長生きです。同い年の夫婦が平均どおりに生きたとしたら……？　**妻は6年の「老後おひとりさま人生」を生きること**に。そのため、「夫が亡くなれば夫の年金もなくなる。どうやって生活すればいいの？」という相談も多く寄せられます。今、ドキッとした人も多いかもしれませんね。

ただ、覚えておいてください。夫が亡くなっても夫分の年金がゼロになるとは限り

老後、配偶者に先立たれると年金額は？

case1 夫婦とも、会社員の場合

金額は、夫婦ともに1977年生まれ。夫の厚生年金加入期間456か月、現役時代の平均標準報酬額46万円、妻の現役時代の平均標準報酬額は456か月で38万円の場合

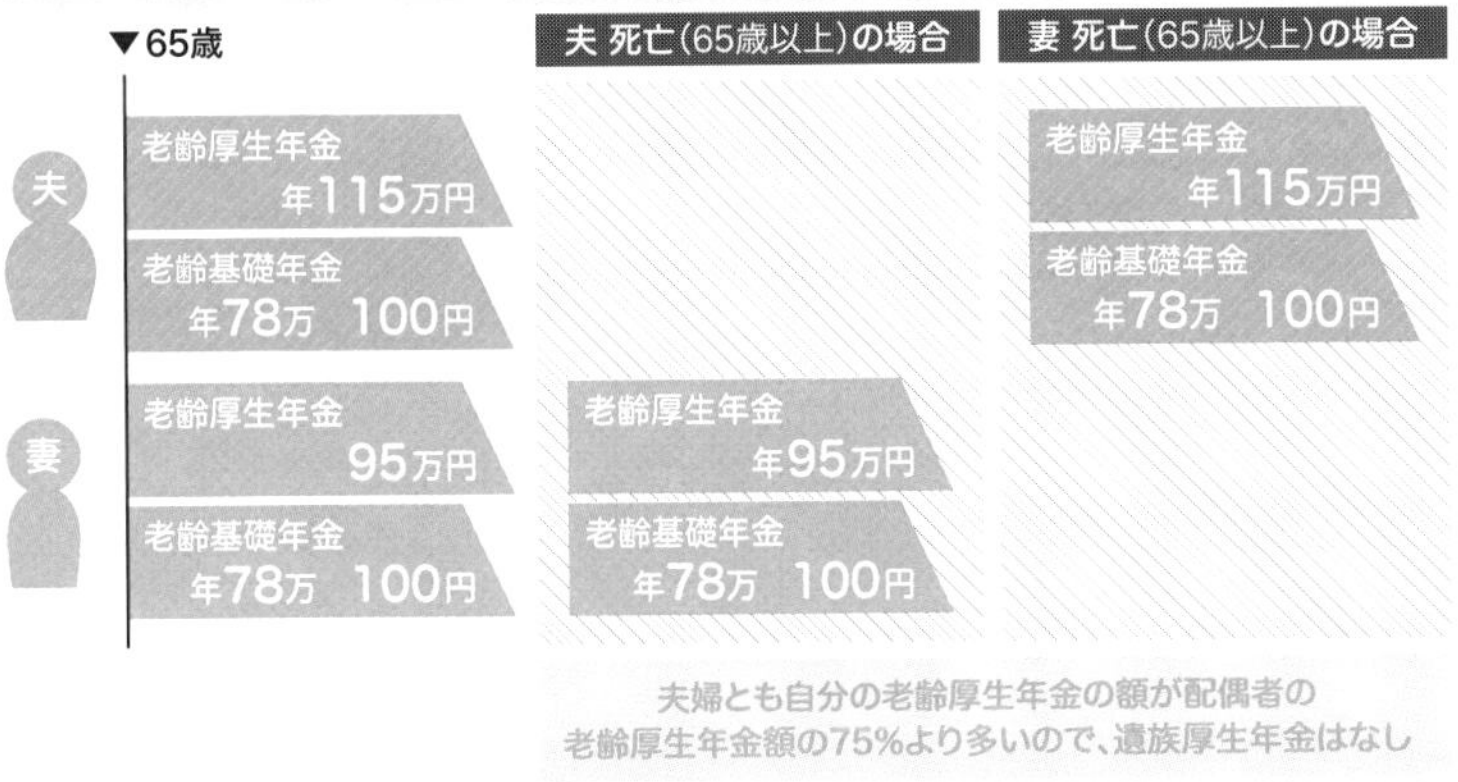

case2 夫会社員、妻専業主婦の場合

夫婦の生年、夫の収入はcase1と同じ。妻は国民年金に満額加入の場合

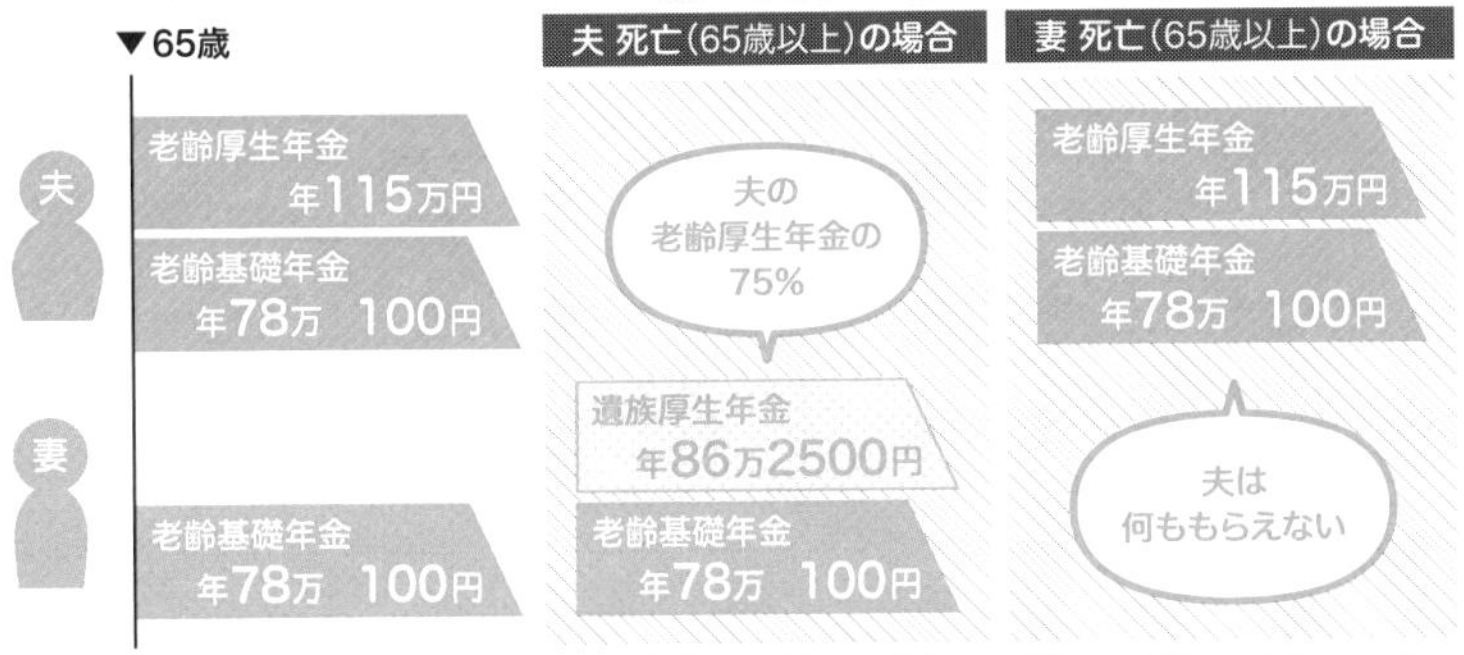

＊2019年価額

ません。会社員だった夫が亡くなると、妻は夫の年金の一部を**「遺族厚生年金」**という形で受け取ることができるのです。155ページの図にもあるように、会社員だった夫の年金は「老齢基礎年金」と「老齢厚生年金」の2階建て。妻は、このうち**夫の老齢厚生年金の75％と、自分の老齢基礎年金を受け取れます。**

とはいえ、夫の老齢基礎年金はなくなり、夫婦ふたりのときより収入は減ります。図のケースでは、夫婦ふたりなら約271万円だったものが、夫死亡後は約164万円になり、約107万円も減収。夫の生活費は不要になりますが、住居費や光熱費など、基本生活費は大して減りませんから、家計は苦しくなりそうです。夫の企業年金も支給されなくなることが多いので、あった場合はダブルで収入減。辛いですね。

さて、ここで、妻の年金増額でカバーする術です。

前述のとおり、妻の年金を70歳まで繰り下げ支給にすると、当初5年は夫の年金のみなので、193万円と少なめですが、5年後の受給時に妻の年金は78万円から約111万円に増えます。これに遺族厚生年金が加わると合わせて約197万円です。**繰り下げ支給にすると妻ひとりのときの年金が約40万円増え、安心感が増す**のです。

ただし、先にも述べたように受給開始時に繰り下げの請求書を提出しないと一括支給にされ、その後は増額のない１００％支給になるので気を付けて。

なお、遺族厚生年金をもらう人は、**自身の厚生年金と、どちらかひとつを選ぶきまり**ですので、妻の厚生年金額が多い場合はメリット少です。想定寿命の長い妻が、厚生年金を繰り下げた場合は、遺族年金のほうが多いと、受け取る期間が短くなり、総額では損することもあるので、妻の厚生年金の繰り下げは慎重に検討してくださいね。

退職金や企業年金、確定拠出年金の受け取りは、ズラすのがコツ

公的年金は基本65歳支給開始で、70歳まで繰り下げ可能とご紹介しました。

一方「確定拠出年金」は60歳、企業年金は60歳または65歳まで掛け金が拠出でき、受け取れるのは60歳からですが、**非課税のまま70歳まで運用**することができます。

利益が非課税になるメリットは大きいので、ほかの所得や預貯金などがあればそちらを先に使い、**確定拠出年金や企業年金はなるべく長く運用を続ける**のが有利です。利益の非課税メリットをぎりぎりまで利用する、というわけです。

受け取る際には、一時金、年金、一時金と年金との併用が選択できますが、**時期を**

選んで一時金で受け取るのがいいでしょう。全額を年金として受け取ると、年収額が多くなり、その結果、国民健康保険や介護保険の保険料、そして高額療養費や介護サービスを受ける際の自己負担分も、高くなるかもしれません。

たとえば、介護サービスの自己負担は、通常1割ですが、収入が多い人は2割（注）に引き上げられています。将来的にはマイナンバーを使って資産も把握できるようになり、資産の多い人にも同様の高負担が課される可能性はありますが、今のところは収入を抑えるのが賢明です。

確定拠出年金の年金受け取りには、振り込みごとに手数料が432円かかります。**一時金で受け取る場合は、「退職所得控除」が利用できます**。ただ、控除には上限があるため、**退職金などとの総額で考える**必要があります。このあたりは計算が複雑なので、事前に専門家に相談して、確認しておくとよさそうです。

退職取得控除の上限まで一時金で受け取り、残りを年金として受け取る、という方法もあります。長生きする自信がある人は、**公的年金を70歳まで繰り下げ、70歳までは企業年金や確定拠出年金を先に受け取って生活する**、というのもいいでしょう。

（注）2018年８月からは一部３割になる場合も。171ページ参照

退職金や年金にかかる税金

◎ 退職金の課税額

（退職金額 － 退職所得控除額）× $\frac{1}{2}$ ＝ 課税退職所得金額

↓

●勤続年数20年以下　40万円×勤続年数　（最低80万円）
●勤続年数20年超　800万円＋70万円×（勤続年数-20年）

＊勤続1年未満の端数は切り上げ

◎ 公的年金等控除額の速算表

受給者の年齢	収入金額の合計額	公的年金等控除額
65歳以上	330万円未満	120万円
	330万円以上　410万円未満	収入金額×25%+　37.5万円
	410万円以上　770万円未満	収入金額×15%+　78.5万円
	770万円以上	収入金額×　5%+155.5万円
65歳未満	130万円未満	70万円
	130万円以上　410万円未満	収入金額×25%+　37.5万円
	410万円以上　770万円未満	収入金額×15%+　78.5万円
	770万円以上	収入金額×　5%+155.5万円

ところで公的年金は大丈夫か？

公的年金の今後については不安に思う人も多いでしょう。政府の赤字や少子高齢化の進行で、年金は破綻してもらえなくなるかも……なんて言う人もいますよね。

現役世帯の平均所得のどの程度を年金でカバーできるかを示す、所得代替率という数値があります。試算（財政検証ケースE）によれば、2014年に65歳の人では62・7％。**年金額はだいたい現役世代の収入の6割**ということ。収入が4割減るのは心細いですが、平均的な世帯では毎月の基本生活費が5万～8万円不足する程度。

対して2014年に30歳の人では所得代替率が5割の見込み。**若い世代ほど年金だけでは足りなくなる**、というのは明らかですね。

もうひとつの懸念はインフレです。公的年金は「**マクロ経済スライド**」。物価上昇にはある程度ついていく方式ですが、インフレ率が2％アップしても、年金のアップ率は1・8％程度にとどまるので、**実質的には減ってしまうのは事実**です。

いずれ急激なインフレになり、年金は4分の1くらいになるなどと言う人もいますが、老齢基礎年金の半分は税金、厚生年金保険料の半分は事業主が負担しているため、たいがいの方は、自分で支払った保険料以上の年金は受け取れます。

公的年金は国の制度であり、年金がゼロになることはありえません。そのときは国がなくなるとき＝ありえない、というのは常識です。

意外にすごい、日本の年金制度だけど…

不安な面もたしかに多い、日本の「公的年金」。一方これが**「終身年金」**だということのすごさのほうは忘れがちです。個人年金保険などの私的年金は受け取り期間が限られた有期年金が主ですが、公的年金はどんなに長生きしてもずーっともらえます。

福祉が充実していると言われる北欧のスウェーデンの年金は、加入者の平均余命が伸びると自動的に年金水準が下がる仕組み。しかし日本の年金はそんなことは起きない、世界の中でも高水準な制度なのです。

とはいえ、高齢化、長寿化も進んでいるので、支出は増加傾向。いずれは支給を減らさざるをえないでしょう。現在40代前半より若い世代の方が受給するころには、支給開始年齢の引き上げや、支給金額の見直しもありえます。不満に感じるかもしれませんが、それでも日本の年金は充実しています。年金は老後の柱ではありますが、頼りすぎないで、自分で年金を作るなどの用意も怠らないようにしたいものです。

年金払わない、払えない、ではまさかのときに困るから

制度に不安を持つ人のうち、自分で年金を支払う自営業などの人には、「どうせもらえないんだから」と国民年金保険料を払わない方もいますが、**絶対に支払うべき**です。公的年金は、高齢になって受け取る老齢年金のほかに、障害を負った場合には障害年金、死亡すれば遺族への遺族年金がある、**大切なセーフティネット**でもあります。保険料が未払いではこれらの保障も得られません。

経済的な事情で払えないのであれば、すぐに市区町村に出向いて相談を。条件によっては保険料が減額されたり、免除される制度もあります。将来受け取る年金は減りますが、加入期間にはカウントされるので、最悪の事態は避けられます。

定年前後のタイミングで、もらえるお金がある

定年前後には、申請すればもらえるお金があります！ **雇用保険の失業給付**がそのひとつ。定年退職や再雇用時の退職でも（雇用保険加入の場合）、再就職する意思があり、求職活動をすれば給付対象になります。被保険者期間が20年以上で60歳以上65歳未満では給付日数は１５０日。65歳以上では**「高年齢求職者給付」**となり、基本手当の30日分、または50日分の一時金になります。65歳になる誕生日の前々日に退職しないと、基本手当は一時金のみに。勤務先の退職金規定も考慮しながら退職日を決めるといいでしょう。

また、再雇用や再就職したものの給与が大幅に少なくなった60歳~65歳の方には、減額になった分の一部が補填される**「高年齢雇用継続給付金」**があります。雇用保険に5年以上加入している被保険者で、再就職後の賃金が60歳到達時の賃金から75％未満になった場合は、再就職後の賃金の最大15％が給付されます（現役時代の賃金額が35万９８９９円超の場合は支給されません）。

◎4章のまとめ

◎「収入増」の手段は大きく分けて3つ

❶働く　❷金融商品で増やす　❸年金増の仕組みを活用

◎働くのが最強の増収策――最低65歳まで、できたらその先も、楽しんで働く

◎妻の働き方こそが「定年夫婦」の明暗を分ける

◎確定拠出年金など、新しい仕組みで有利に貯める&増やす

◎「退職金を一度に投資！」は危険。まずは預金や手堅い商品に

◎年金は「妻の長寿」「節税」なども考えて、受け取り方で増やす

第5章

「定年夫婦」のピンチとお金

介護と医療の備えはひとり800万円＋アルファ

「介護」や「支援」が必要だろう、という前提で考える

人生最大のピンチといえば、**病気**。そしてそれが長引く**「介護」**とくれば、合わせて**「定年夫婦」最大のピンチ**かもしれません。

80代前半で約3割、80代後半では6割超の人に介護や支援が必要となるというデータがあります（生命保険文化センター）。夫と妻では、男性は女性より平均寿命が短いこともあり、要介護になる確率は女性よりも低め。

妻に介護が必要になったとき、すでに夫は亡くなっている可能性も高いと懸念されています。男性がひとり残された場合も同じですが、子どもに頼りたくない（頼れな

い）となればやはり、必要な分のお金を用意しておくべきでしょう。

そこで必要な「医療と介護の備え」ですが、私が考える必要な額は、**医療と介護で合わせてひとり８００万円**、です。

これはミニマムな数字。豪華な介護施設などを利用したいなら、その分は＋α《アルファ》の用意が必要です。

この８００万＋α、夫婦それぞれの介護が必要な場合も考えると、基本は2倍。余ったとしても、遺されたほうには特に大事なものになりますので多くて困ることはありません。**「定年夫婦」なら（８００万円＋α）×２**、で考えておきましょう。

意外と少ないと思いますか？　この８００万円の根拠を、これからお話ししますね。

実際みんなが介護と医療に使っているお金から計算する

生命保険文化センターの調べによると、過去3年間に介護に携わった経験のある人の、**介護期間は平均約５年間**。手すりを付ける、介護用品を揃えるなどの**一時的な費用が平均約80万円**かかり、**月々に要した費用は約８万円**（１６９ページ図参照）とのこと。介護期間が約5年なので、**合わせて約550万円程度**と計算できます。

ちなみに介護保険では、毎月の自己負担の上限が4万4400円ですが、実際にかかっている費用は月額約8万円。介護保険外のサービスも利用しているためでしょう。

医療費についてもやはり、**「高額療養費」**という制度があります。3章でも触れた、医療費がたくさんかかった場合に一定額を超える分が医療保険から給付される制度です。自己負担となる上限額は世帯年収により違い、70歳未満の公的年金世帯では、1か月約9万円。70歳以上で世帯年収370万円未満なら、外来で1万4000円（個人）（2018年8月から外来は1万8000円が上限）、入院で5万7600円（世帯）。**100万円かかっても、自己負担は数万円です**（97ページ参照）。

これらから、**ひとりが必要な医療費の見当はだいたい250万円**と見積もります。**介護費用の550万円と、医療費の250万円を合わせると、800万円ですね**。

介護施設に入居したい方は、その**＋α**の費用をどう見積もるか。「都心からほど近く広めの個室で、メニューの選べる食堂のついた介護つき老人ホームに絶対住みたい」といった希望がある場合は、早めに調査して、それなりの出費を用意しておくべき。一方、私もそうですが、できるだけ自宅で過ごして、施設の利用は最小限、その

介護した期間、かかった費用はどのくらいか

介護が続く期間は？

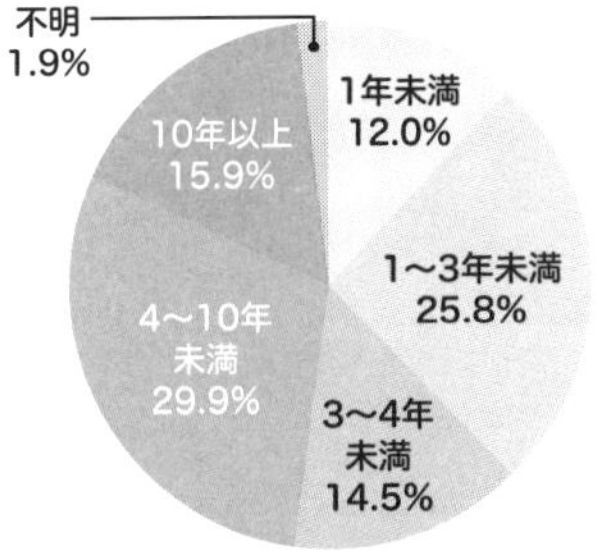

介護期間：平均59.1か月（4年11か月）
※介護を始めてからの期間（介護中の場合は経過期間）

月々の介護費用は？

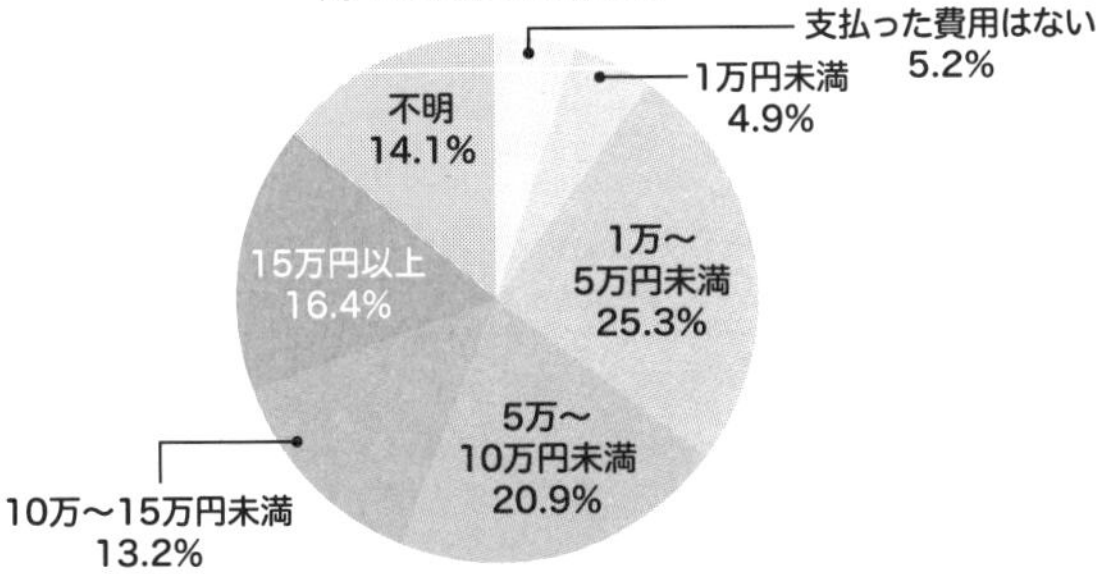

介護費用（月額）：平均7.9万円

※「支払った費用はない」を0円として平均を算出
※介護に要した費用（公的介護保険サービスの自己負担費用を含む）のうち、月々の費用（月々支払っている〈支払っていた〉費用）
出所：生命保険文化センター「生命保険に関する全国実態調査」平成27年度を基に作図

ときに手の届く範囲で、というならお金の用意もほどほどでいいはずです。

その場合、お金の準備だけでなく、食事や運動など、自分で健康管理に留意し、また地域の支援の状況を調べておくなど、情報も集めておかないと、いざというときに子どもや周囲に迷惑がかかります。**元気なうちに指針を決めて、お金や情報を準備して、家族で共有することが大切**です。

介護は「お金」「人」「社会的なシステム」の3つで支える

介護を支えるのは、**「お金」**、というのは厳然たる事実ではありますが、すべてお金で、と考えるとどんなにあっても足りません。でも、実はお金の他にも介護を支える大事な資源があります。**「人」**、そして**「社会的なシステム」**です。

お金が足りない分を、周囲のマンパワーで補えれば助かります。

お金も人手も足りない場合は、介護保険などの社会的なシステムを頼って使いこなすことが重要です。

この**「3つの柱」**は、バランスが大事。無理をしてお金で解決しようとしたり、特

収入別・介護費用の自己負担割合

年金などの収入	自己負担割合
単身で年340万円以上 夫婦で年463万円以上 ／約12万人	3割
単身で年280万～340万円未満 夫婦で年346万～463万円未満 ／約33万人	2割
単身で年280万円未満 夫婦で年346万円未満 ／約451万人	1割

高額介護サービス費

区分	負担の上限（月額）
現役並み所得者に相当する方がいる世帯の方	4万4400円（世帯）※
世帯内のどなたかが市区町村民税を課税されている方	4万4400円（世帯）(注)
世帯の全員が市区町村民税を課税されていない方	2万4600円（世帯）
● 老齢福祉年金を受給している方 ● 前年の合計所得金額と公的年金等収入額の合計が年間80万円以下の方等	2万4600円（世帯） 1万5000円（個人）※
生活保護を受給している方等	1万5000円（個人）

※「世帯」とは、住民基本台帳上の世帯員で、介護サービスを利用した方全員の負担の合計の上限額を指し、「個人」とは、介護サービスを利用したご本人の負担の上限額を指します

（注）1割負担者（年金収入280万円未満）のみの世帯については、年間上限額44万6400円とする（平成29年8月から3年間の時限措置）

定の人に任せきりにしたりしていては、介護が長続きしません。バランスのいい3本柱でどう支えていくかを考えましょう。「介護サービスを利用すれば担い手は少なくていいね」「お金はないけど親子で協力態勢はつくれるね」など、自分たちなら3つの柱をどのようなバランスで使えるのかを考えましょう。夫婦や家族だけでなく、地域のサポートも含めて風通しのよい態勢と、共通の認識を持っておければベストです。

「もしかして、介護？」と頭によぎったら、まず「地域包括支援センター」へ

誰が誰の介護をするにしても、大事なのは情報。介護を受ける方の住む自治体の**「地域包括支援センター」**で相談をするといいでしょう。まず「社会的なシステム」を知って、お金や人手と、どう組み合わせるかを考えるのが大切です。

介護保険サービスを受けるために必要な**要介護認定**も、ここで申し込みます。医師の診断、面接などを経て**要支援・要介護**に認定されると、段階に合わせた介護保険サービスが利用できます。サービスには、「訪問介護」「訪問入浴介護」などの**在宅サービス**、デイサービスやショートステイなどの一時的な**施設利用**、グループホームや特

介護保険の等級と利用できる在宅サービスの目安・費用

要支援、要介護などの認定を受けると、介護保険のサービスを受けることができる。在宅で介護する場合も家族がすべて背負わなくていいし、デイサービスなど施設の通所利用もできる。だいたいの適用範囲と費用上限を知っておきたい

区分		支給限度額（うち自己負担額）	利用できる在宅サービスの目安	利用頻度
要支援	1	5万30円 (5003円)	● 週1回の介護予防訪問介護、介護予防通所系サービス ● 月2回の施設への短期入所 ● 福祉用具の貸与など	週2～3回
要支援	2	10万4730円 (1万473円)	● 週2回の介護予防訪問介護、介護予防通所系サービス ● 月2回の施設への短期入所 ● 福祉用具の貸与など	週3～4回
要介護	1	16万6920円 (1万6692円)	● 週3回の訪問介護、週1回の訪問看護 ● 週2回の通所系サービス ● 3か月に1週間ほどの短期入所 ● 福祉用具の貸与など	1日1回 程度
要介護	2	19万6160円 (1万9616円)	● 3回の訪問介護、週1回の訪問看護 ● 週3回の通所系サービス ● 3か月に1週間ほどの短期入所 ● 福祉用具の貸与など	1日1～2回 程度
要介護	3	26万9310円 (2万6931円)	● 週3回の訪問介護、週1回の訪問看護 ● 週3回の通所系サービス ● 毎日1回の夜間の巡回型訪問介護 ● 2か月に1週間ほどの短期入所 ● 福祉用具の貸与など	1日2回 程度
要介護	4	30万8060円 (3万806円)	● 週6回の訪問介護、週2回の訪問看護 ● 週1回の通所系サービス ● 毎日1回の夜間の巡回型訪問介護 ● 2か月に1週間ほどの短期入所 ● 福祉用具の貸与など	1日2～3回 程度
要介護	5	36万650円 (3万6065円)	● 週5回の訪問介護、週2回の訪問看護 ● 週1回の通所系サービス ● 毎日2回（早朝・夜間）の夜間対応型訪問介護 ● 1か月に1週間ほどの短期入所 ● 福祉用具の貸与など	1日3～4回 程度

＊支給限度額は標準的な地域の例。大都市の場合介護サービスの利用料が高くなるため、支給限度額も上記より高くなる。自己負担額は1割負担で計算

別養護老人ホーム（特養）」などでの**施設サービス**などがあります。自宅で使う介護用ベッドや車椅子などを貸し出すサービスもあります。

サービスを受けるには、**ケアマネージャー（ケアマネ）**に**ケアプラン**を作ってもらう必要があります。相談する時には、本人の状態やどんな介護を望んでいるか、家族の気持ちはどうか、どのくらい協力できるかなど、**実態や考えをまとめておく**ことが大切。日頃から話題にして、家族同士、意思を確認・共有しておくのが理想的です。

介護施設は設備やタイプで費用に大差が

首都圏で新聞の折り込みを見れば、入居金が何千万もかかる豪華な老人ホームの広告が目について、**「施設に入るなら大金が必要」と思い込む**人も少なくないでしょう。でも、少し調べれば、さまざまな選択肢があることがわかります。

入居時に一時金がかからず、月額の費用が8万〜15万円程度の特別養護老人ホーム（特養）などの公的な介護施設は、要介護3以上の人が入居できます。入居希望者が多いため、空室待ちも多く、特に首都圏の入所待ちはかなり熾烈です。一方、民間の

老後の住まいと施設の種類・費用の目安

区分	入居時の状態	月々の支払い	入居時の費用	特徴
住宅型有料老人ホーム	元気なシニアまたは要支援程度	15万〜50万円	0〜5000万円	主に住居を求める人が対象。食事や緊急時対応サービスが提供される。介護サービスは別途契約することが多い
サービス付き高齢者向け住宅	元気なシニアまたは要支援程度	10万〜30万円	0〜500万円	食事、緊急時対応、生活相談サービスのついたバリアフリーの集合住宅。介護事業所と併設しているところが多い
介護付き有料老人ホーム	元気なシニアまたは要支援・要介護	15万〜50万円	0〜5000万円	介護保険の「特定施設入居者生活介護」の指定を受けた施設。住居と介護サービスの提供が受けられ、元気なうちから入居できるところも
ケアハウス	元気なシニアまたは要支援・要介護	8万〜18万円	0〜500万円	自立した人向けの「一般型」と「介護型」がある。自治体の助成を受けており費用は安めだが、施設数は少ない
特別養護老人ホーム	要介護3以上	5万〜15万円	0円	要介護3以上で介護の優先度が高い高齢者が入所できる施設。24時間介護サービスが受けられ、終身利用も可能

有料老人ホーム、認知症向けのグループホームなどなら、選択肢の幅はかなり広がります。一時金は0~数千万円、月額の利用料は8万~50万円程度と大きな差が。

月額の利用料には、住居費分に加え1日3回の食事代や光熱費など日常の生活費と相殺できるものも多く含まれますので、それら費用すべてを特別費用として準備すべき、というわけではありませんが、想定額の半分程度は用意しておきたいものです。

重要！　親の介護で、心・金・体を使い果たすなかれ！

「定年夫婦」世代には、親の介護が続いている人、これから介護になりそうな世代の親を持つ人もいるでしょう。親の介護は人生最初の介護であることも多く、ついがんばってしまいがち。

でも、そんな時こそ先ほど触れた「お金」「人」「社会的なシステム」のバランスが重要です。そして、とても大事なのは、**親の介護の「お金」は、まず第一に「親のお金」の範囲でする**こと。親の介護にお金をつぎ込んで、自分の備えを使い果たしては将来困りますね。家族や親戚、ご近所などの「人」を巻きこみ、「社会的なシステム」

を利用して、お金や、自分の体力、心をすり減らさないように工夫して。

介護のために仕事を辞めない

介護のために仕事を辞める、**介護離職**が増えています。現在75歳以上の老人では、4人にひとりは要介護状態だといわれ、介護離職する人は1年間に10万人とも！　親が地方に住んでいる、仕事が忙しくて介護と両立できない、など、事情もあると思いますが、介護のための転職・退職は避けてほしい、というのが私の考えです。

基本的には、**誰かの介護のために今の自分の生活を変えないで**ほしいのです。

誰かのために大事なものをあきらめた、失ったというのは禍根を残します。精神衛生上よくないですし、何かの拍子に感情が爆発しかねません。

今できているから大丈夫、楽しんでやっていると思っても、介護漬けの毎日では不満が募りがち。介護はいつまで続くかわからない。無理をすれば早晩行き詰まります。

お金の面でも介護離職はリスクが高く、自身の老後に大きな支障が出ます。共働きだとしても、片方が仕事を辞めれば収入が減り、生活に余裕がなくなります。介護離職は精神的にも、経済的にも、リスクが大きいのです。

「介護休業」「介護休暇」の制度をもっと利用して

仕事を辞めなくてもいい理由は、**介護支援制度の充実**です。会社員なら、家族の介護が必要になると、**「介護休業」「介護休暇」**を取ることができます。

「介護休業」では、介護が必要になった家族ひとりにつき、3回を上限として最長で通算93日間、会社を休むことができます。父親と母親の両方に介護が必要なら、それぞれにつき通算93日まで、各最大3回、休業できます。

介護休暇は年5日。半日単位の取得も可能です。

事業者には、介護休業とは別に短時間勤務、フレックスタイム制度、介護サービス費用の助成など、介護者のニーズに応える制度を設けることが義務付けられていますし、社員には「残業や休日出勤など**所定外労働の免除を求める権利**」もあります。過去1年間同じ会社に勤めている人が対象で、**パートや契約社員でも条件によっては対象**になります。

妻がパートで夫が会社員の場合、パートの妻よりむしろ夫のほうが、介護休業などが取りやすく、生活に負担なく介護ができる場合もありますのでよく考えて分担を。介護休業は日数制限があるので、日常の介護にはあまり向きません。「辞めない」前提で介護サービスを受ける準備や手続きをするのにちょうどいい制度でしょう。

メーカー勤務のＦさんは、父に介護が必要になり、相談のうえで介護施設への入居を決めました。施設を探したり、各種の手続きや入居の準備も必要です。そこで30日間の介護休業を取得。その間にすべての手続きを済ませたといいます。

「仕事に穴をあけるのは心苦しかったけれど、制度があるのだから利用していいんだ、と自分に言い聞かせ、休みました。実際には病院も役所も週末は休み。休暇をとらなければろくに手続きもできませんから、絶対に必要な制度だと思います」と、Ｆさん。

流通関係の企業で働くＫさんは在宅介護している父親が通院する際に、半日単位で介護休暇を取得しています。人事担当から、多くの人が利用していると聞いて気が楽になったと言います。

気になる収入減も、雇用保険から**「介護休業給付金」**が受け取れるなどのサポートもあるので、会社に相談して上手に利用したいものです。

体調の変化に早めに気付く

よく、介護は突然くる、と言う人がいますが、半分当たって半分外れているかも。高齢者の場合、突然倒れたり転倒したりする前に、**兆候がある場合も少なくない**からです。

急に食が細くなった、水分をとらなくなった、少しの段差でつまずいているなど、予兆はあるのに見逃してしまうことがあります。本人も大丈夫、と明るく振る舞いがちですが、サインを見逃さず、要介護になるのを防いで、軽度で抑えたいものです。

要介護状態を予防するためのチェックリストを紹介します。これを参考に、優しい気持ちで、本人と接してみてください。リスクに対する感度を良くしておくことが大切です。なかなか難しいですが、予防できればそれに越したことはありませんよね。

体調に気になることがあったら、早めに医療機関を受診しましょう。かかりつけ医がいればベターです。親や配偶者には同行して、必要に応じて総合病院などを受診します。特定の症状について最初に診察を受ける際、検査結果を聞く際などは、できれば誰かが付き添うようにするといいでしょう。

自分に関しても同様です。リスクを感知したら、事態が進行する前に周囲に相談して、なるべく早めに対処したいですね。

要介護状態を予防するための基本チェックリスト

以下の設問を読んで、右の欄に回答を。身近な人を客観的に見てチェックするのも良い

No.	質問項目	回答 （いずれかに○をお付け下さい）	
1	バスや電車でひとりで外出している	0.はい	1.いいえ
2	日用品の買物をしている	0.はい	1.いいえ
3	預貯金の出し入れを問題なくしている	0.はい	1.いいえ
4	友人の家を訪ねている	0.はい	1.いいえ
5	家族や友人の相談にのっている	0.はい	1.いいえ
6	階段を手すりや壁をつたわらずに昇っている	0.はい	1.いいえ
7	椅子に座った状態から何もつかまらずに立ち上がっている	0.はい	1.いいえ
8	15分位続けて歩くことができる	0.はい	1.いいえ
9	この1年間に転んだことがある	1.はい	0.いいえ
10	転倒に対する不安は大きい	1.はい	0.いいえ
11	6か月間で2～3kg以上の体重減少があった	1.はい	0.いいえ
12	BMI(注)が18.5以下（身長　　cm／体重　　kg）	1.はい	0.いいえ
13	半年前に比べて固いものが食べにくくなった	1.はい	0.いいえ
14	お茶や汁物等でむせることがある	1.はい	0.いいえ
15	口の渇きが気になる	1.はい	0.いいえ
16	週に1回以上は外出している	0.はい	1.いいえ

17	昨年と比べて外出の回数が減っている	1.はい	0.いいえ
18	周りの人から「いつも同じことを聞く」などの物忘れがあると言われる	1.はい	0.いいえ
19	自分で電話番号を調べて、電話をかけることをしている	0.はい	1.いいえ
20	今日が何月何日かわからない時がある	1.はい	0.いいえ
21	(ここ2週間)毎日の生活に充実感がない	1.はい	0.いいえ
22	(ここ2週間)これまで楽しんでやれていたことが楽しめなくなった	1.はい	0.いいえ
23	(ここ2週間)以前は楽にできていたことが今ではおっくうに感じられる	1.はい	0.いいえ
24	(ここ2週間)自分が役に立つ人間だと思えない	1.はい	0.いいえ
25	(ここ2週間)わけもなく疲れたような感じがする	1.はい	0.いいえ

〝はい″または〝いいえ″と答えたうちで、〝1″がついている所に◎をつけて下さい。その結果を、次の①～④で判定します。いずれかに該当する方を、要介護状態等となるおそれの高い状態にあると認められる方とします。

① **No.1～20までの項目のうち10項目以上に◎のついた方**

② **No.6～10までの5項目のうち3項目以上に◎のついた方**

③ **No.11及び12の項目すべてに◎のついた方**

④ **No.13～15までの3項目のうち2項目以上に◎のついた方**

(注)BMI〈=体重(kg)÷身長(m)÷身長(m)〉で算出。
出所：「地域支援事業実施要綱」平成22年8月6日厚生労働省老健局長通知（地域支援事業の実施について）より抜粋して作成

まだまだある！「定年夫婦」のピンチと上手なリカバリー法

妻の「おひとりさま期間」に備えておく

これまでも何度か触れましたが、男性の平均寿命が80・98歳なのに対し、女性の平均寿命は87・14歳と平均的には**女性の方が6年以上も長生き**です。夫のほうが年上ならさらに差が開き、**夫が4つ年上なら妻の「おひとりさま期間」は10年**と予測されます。私の父は76歳で他界。3つ下の母は86歳で他界するまで13年間おひとりさまでした。それはそれで気楽でいい…という場合もあるかもしれませんが、お金の心配は深刻です。

前にも述べたように、夫が亡くなると、年金は減ってしまいます。

詳しい年金のしくみは１５５ページの図のとおり。世帯によって異なりますが、いずれにしても世帯単位でみれば、減収です。

支出はどうなるでしょうか。総務省の家計調査（平成29年総務省家計調査）では、**60歳以上のシングル世帯の1か月の支出は約15万円で、２人世帯の半分強**です。しかし、家の維持費などは半分になるわけでもなく、病気をしても介護してくれる身内はいないかもしれません。仮に**月5万円足りなくなるとしたら年間60万円、10年で600万円の不足**。10万円足りないとしたら年間１２０万円、10年で１２００万円です。

妻の分の年金を**繰り下げ受給**することを４章でもおすすめしましたが、ほかにも提案するとすれば、**時間差シフト**。**夫がいる間はなるべく夫の収入だけで生活し、妻の収入分は給与も年金もなるべく貯めておくこと**です。それも、**できれば定年前から、**貯めておくといいでしょう。定年前から妻も働いていれば万全です。

働いている間の妻の収入は**60歳まではｉＤｅＣｏなどで積み立て、年金は繰り下げ支給**にして、70歳以降の手取りを増やす。

それが人生１００年時代のご長寿妻にとっておすすめプランです。

熟年離婚の経済的問題

死亡による永遠の別離のほかに、夫婦には**離婚**という別れの形もあります。

年金が分割できるようになって10年超。それをあてにして**熟年離婚**を考える人も少なくないでしょう。ただ、ここで「経済的」にどうか、でいうとデメリットは大です。

ＤＶ（家庭内暴力）がある、ハラスメントがある、どうしても嫌いなど、是が非でも離婚したほうがいいケースもあると思いますので、それを止めるつもりはありません。でも、**お金の面でなんらかの方策を考えておかないと、老後が大変に**なります。

２００７年に**「厚生年金分割制度」**がスタートし、ワイドショーを賑わせました。離婚した場合、夫、妻の年金をそれぞれが分割して受け取ることができる制度です。夫が会社員、妻が専業主婦なら、**夫の厚生年金部分を2分の1以下の範囲で**妻が受けとることができます。

「年金がもらえるなら安心して離婚できる」と考えた人も少なくありませんが、**結婚していた期間に保険料を払っていた分の厚生年金（の2分の1以下）**ですから、それ

離婚した場合の年金分割

会社員だった妻が結婚・退職し専業主婦になった場合で計算
結婚期間に応じた分の厚生年金だけ、最大50%まで分割する

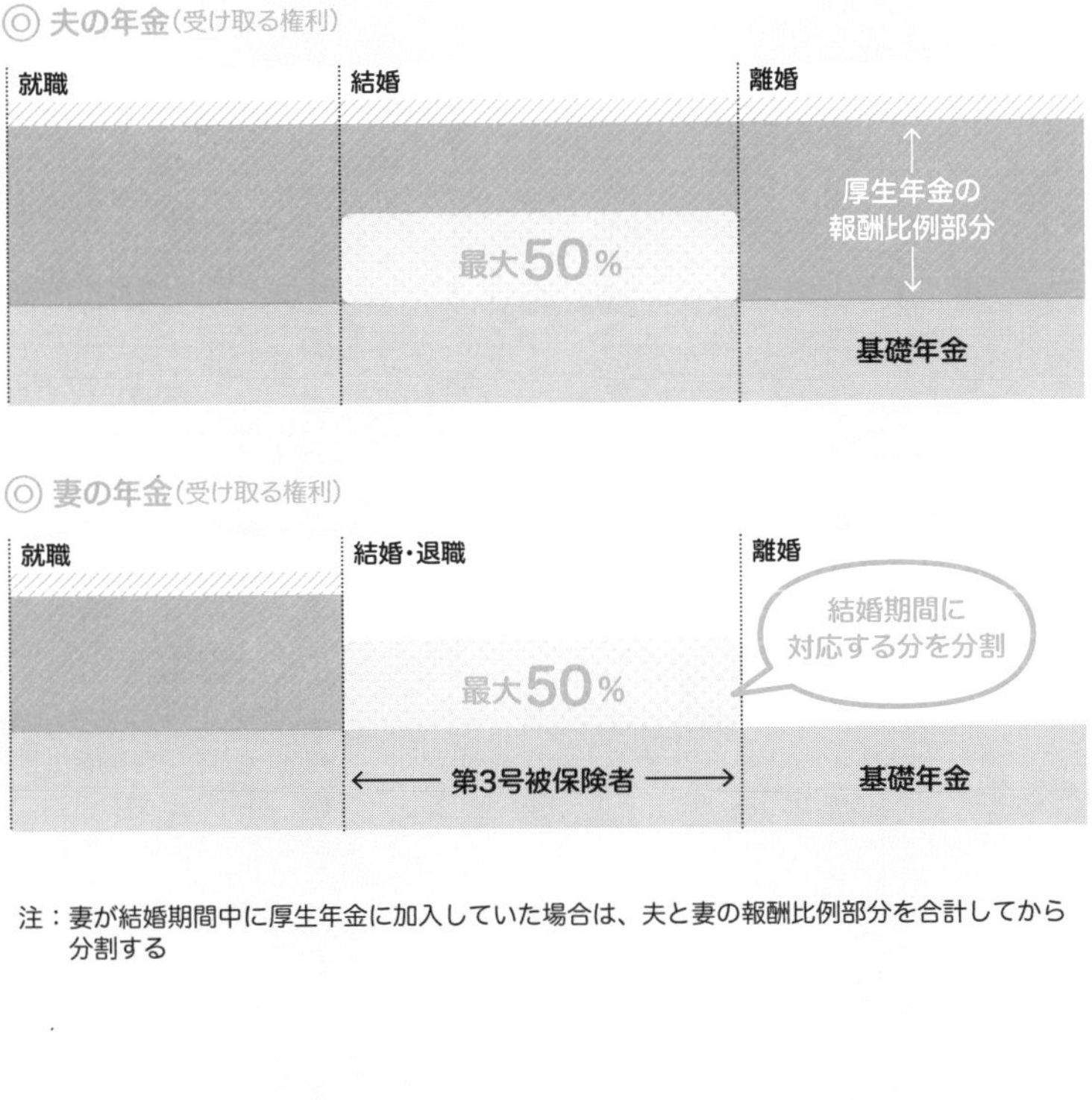

注：妻が結婚期間中に厚生年金に加入していた場合は、夫と妻の報酬比例部分を合計してから分割する

ほど金額は多くありません。

夫婦どちらも離婚前より年金額が大きく減るのは仕方ないですが、特に妻の側は要注意です。たとえば夫を亡くした場合と離婚した場合とで、妻が受け取る年金の違いを比べてみると。たとえば夫が亡くなって遺族厚生年金を受け取る人がいて、その年額は約99万円だとすると、15年間受け取ったときの総額は約1485万円です。これが離婚によるサヨナラの場合、同じ条件でも年金分割で受け取れるのは年額で約35万円。15年で約525万円です。その差は960万円にもなります。

離婚しなくても、女性は**「おひとりさま期」の収入減**が懸念されています。そのうえ離婚によってさらに収入が減れば大きなダメージを受けることになります。年金分割はされないよりはマシですが、ほかに収入や金融資産がないと〝女性離婚おひとりさま老後〟の生活は厳しくなりそうです。

財産分与として、結婚している間に築いた財産については基本的には半分ずつ分けることになりますが、そもそも資産が多くなければ分け合う分も期待はできません。同じ空間にいるのはイヤ、同じ空気を吸うのもイヤという場合はしかたがないかもしれませんが、お金のことを考えると、慎重に検討したほうがよさそうです。

たとえば、法律上の離婚は急がず、家の中では顔を合わせずに時間差で行動するなどして時間を稼ぎ、その間に妻は経済的に自立するか、実家などの支援を取り付ける……など。周到に準備をするのもひとつの手ですね。

収入ダウンで税金や社会保険料の支払い、ローン返済が苦しくなったら

「定年夫婦」の家計が、非常に厳しくなる場合があるのは、1章で紹介したAさん、Bさんご夫婦の例でもわかると思います。そうした中で、万が一ですが、収入ダウンなどでローンの返済が苦しくなったら？　そんなときは、すぐに**借入先に相談**しましょう。

返済が一度滞ったら、次も、その次も、払えなくなるのが普通です。住宅ローンの場合、6か月返済が滞ると督促状が届き、無視していると6か月後には競売にかけられることが多いようです。

なんとしても返さなければと思って、別のところからお金を借りて返そうとする人もいますが、それは借り入れがふくらむ最悪のパターン。絶対にだめです。

その前に**相談すべきは、借り入れ先の金融機関**。返済に行き詰まり結局は破綻、というのが一番困るわけで、金融機関からすれば、相談はウェルカムなのです。利息だけなら返せるか、返済期間を延長すれば払えるかなど、色々な方法を提案してくれます。相談に行くというのは真面目な証拠であり、返す意思があることの証。競売になったりすれば双方に得がないので、なんとか解決策を探りましょう、というわけです。

ちなみに税金や**健康保険料、年金保険料**も、もし納めるのが大変なら**即相談**です。Uさんは大幅な収入ダウンで固定資産税が納められず、役所に相談したそう。すると、年4回の納付ではなく「毎月5000円でもいいから納めてほしい」、と言われて毎月払いに。「それでも難しかったらまた相談」、とも言われているそうです。

やむを得ない事情がある場合は、きちんと相談すればいいのであって、必要以上に苦しまなくてもいいのです。早めに相談、が一番です。

相続でお金や資産を失いたくない

「相続でピンチ」というと、どんな資産家の話かと思いますが、最近はそうでもありません。**相続税**の控除限度額も下がり、しかも少子化。相続するのが老後の備えの預金と住居だけでも、控除枠をオーバーして多額の相続税がかかってしまうおそれもあります。安心老後のために備えている「定年夫婦」がせっかく貯めたお金や住まいが、相続税で消えていくことにもなりかねません。

相続税がかかる範囲は、決められています。
遺された資産から左の**「基礎控除」**の分を引いたものに税金はかかります。

◯基礎控除額＝3000万円＋600万円×法定相続人の数

法定相続人が配偶者と子どもふたりの、計3人の場合、
3000万円＋600万円×3＝4800万円

さらに配偶者には**配偶者特例**もあります。次の金額まで相続額から控除できます。

◯1億6000万円または、配偶者の法定相続分、のどちらか多いほう

かなり大きな枠があってお得ですよね。この控除を受けるためには、申告が必要です。申告の期限は相続が発生してから（資産の持ち主が亡くなってから）10ヶ月以

内ですので、気をつけてくださいね。

ここで、大事なポイント。

このような大きな控除枠は、配偶者との間だけ。親から子へ、など他の相続の場合には、大きな控除はありません。

だからといって、配偶者特例は最大限利用しよう、とフルに活用して多額の財産を配偶者が相続した場合、その人が亡くなったときに財産がまとめてたくさんあると、子どもなどが次に相続する際には、高額の相続税が課される可能性があるのです。

この、「次の相続」を**「2次相続」**というのですが、そのときは、相続する額が多くなりがちなのに加え、最初の相続のあとにもうひとり亡くなっているため、1度目より相続する人の人数が減っています。すると、「基礎控除」の額も減りますし、ひとりあたりの相続額も多くなりがち。なので、最初の「配偶者のいる相続」のときに、「2次相続」のこともよく考えて、相続のしかたや額を決めるといいですね。

相続税にはほかにもさまざまな特例があります。代表的なのは、住んでいる土地

相続税の知識

◎ 基礎控除額

基礎控除額 ＝3000万円 ＋ 600万円 × 法定相続人の数

●法定相続人が配偶者と、子２人の計３人の場合
基礎控除額は —— 3000万円＋600万円×3人＝4800万円

◎ 法定相続人の範囲と法定相続分

相続の「権利」がある人を「法定相続人」と言います。配偶者と血族はその立場ごとに相続の順位と相続分が定められています。この順位と相続分は目安であり、遺言などにより別の順位や額で残すことも可能です。その場合、法定相続人には、最低限の権利として、一定の割合で遺産の請求ができる「遺留分」が決められています。

順位	配偶者	配偶者以外の相続人
第１順位 （子がいる場合） **子**	1/2	**子・1/2** 数人いるときは等分
第２順位 （子なし、親ありの場合） **直系尊属**	2/3	**親・1/3** 複数人いるときは等分
第３順位 （子なし、親なしの場合） **兄弟姉妹**	3/4	**兄弟姉妹・1/4** 複数人いるときは等分 兄弟姉妹が先に死亡している場合は甥・姪（甥・姪の子は相続人とならない）

が条件に合えば評価額が大きく引き下げられる「**小規模宅地等の特例**」や、10年以内に2回以上相続が起こった場合の「**相次相続控除**」などです。これらを知らないと、また知っていても期間内に**届け出**しないと、控除が受けられません。なので、まず特例があることを知っておくことが大事です。

相続税を「減らす！」工夫

さらに積極的に相続税を減らしたい場合、次の3つの対策があります。

1　相続する財産の額を減らす
2　相続する財産の評価額を減らす
3　控除額を増やす

1　相続する財産の額を減らす

相続の前に、子どもに資産を分け与える「**生前贈与**」などをしておく方法です。

一般に、贈与を受けた場合は、贈与税を支払いますが、年間１１０万円までなら税金はかかりません。この仕組みを利用して、親から子、祖父母から孫、などに前もってお金を贈与しておけば相続の際に課税される財産を減らせます。

ただ、機械的に同じ額を贈与していたり、子ども名義の口座であっても実質的には親が管理していると見られると、課税される場合もあるので気をつけて。

それとは別に、教育資金としてひとり１５００万円まで、結婚・子育て資金としてひとり１０００万円までを、**一括贈与できる特例**もあり（２０１９年３月末日まで）、信託銀行に専用の口座を開いて行います。教育資金は30歳、結婚・子育て資金は50歳の時点での残高に贈与税が課税されますので気をつけましょう。

2　相続する財産の評価額を減らす

相続税はお金にも不動産にもかかりますが、同じ金額のお金と、その額で買った不動産とでは、不動産のほうが「評価額」が下がることが多いようです。それで、不動産を建てたり、購入する人もいます。一時流行った「タワマン節税」「賃貸経営」などもこのひとつ。タワーマンションは実勢価格より評価額のほうが低くなる、ということで相続税対策にともてはやされました。しかし実際の評価は必ずしも低くなるとは限りません。人口減少で家が余るという話も多い昨今、賃貸経営も見通し不明。いずれにしてもオススメできる方法ではないでしょう。

それより既に持っている不動産の評価額を下げる方法を知っておきたいですね。「小規模宅地等の特例」がそれ。配偶者や子どもなど、相続を受ける側がそこに住んでいる場合、土地の330平米以下の部分まで、**評価額が80%減額**されます。5000万円の土地だとすれば、評価額は1000万になるので、大きな節税に。ただしこの特例は適用には、細かい条件がありますので、確認をしておきましょう。

3　控除額を増やす

意外と控除額が大きいのは**「生命保険」**です。生命保険の保険金には控除枠があり、相続人**ひとりあたり500万円が非課税**です。生命保険は不要という話も前に出ましたが、余裕のある家庭で、相続税対策を考えるのなら、1000万円程度の保険に加入して、子どもふたりを受け取り人にすれば、その分は非課税で子どもに遺せます。

保険金が一括ではなく、定期的に交付されるような**「生命保険信託」**というものもあります。ソニー生命など、限られた数社の取り扱いですが、必要な場合は検討してみるといいでしょう。

やはり遺言書はあったほうがいい

どういう相続をするにせよ、受け取る人たちの間に争いが起こるようでは、節税どころではなくなります。そのときになってモメないためには、やはり**遺言書**を作っておくとよいでしょう。本人が自筆で書いて保管する**「自筆証書遺言」**、公証役場で承認のもと口述して記録、保管される**「公正証書遺言」**の2種類ありますが、やりやすいほうでいいので、意志を残しておきたいものです。

◎5章のまとめ

◎介護はお金、人、社会的システムの3つのバランスで相互補完を

◎介護のDON'Ts 4つ

想定外にしない

過大な夢を見ない

親介護で散財しない

介護離職しない

◎妻の「おひとりさま」期があると想定してお金の備えを

◎離婚はどちらも収入減リスク大。慌てず対策を考えて

◎相続、収入減なども、考えて備えを

第6章

お金も暮らしもうまくいく、「定年夫婦」私の考え方

人生100年時代の「定年夫婦」どうあるのが正解？

定年後、一日中、夫、あるいは妻と一緒にいる……。そんな時間は増えるでしょう。「幸せだ！」という人もいるかもしれませんが、どちらかといえば、「それだけで気が重い」、という声も少なくありません。しかもそれが40年近く続くのだとしたら……。

定年世代となればパートナーのことは十分すぎるほど知っているつもりだと思いますが、**定年後は少し様子が変わる可能性があります**。現役時代の夫や妻は会社員や役割を持つ個人として社会性を持ち、個人の勝手な部分は矯正されていましたが、定年になるとその本性を現してくることがあるのです。男女ともに、年を取ると抑えがきかなくなってダメなところが出てきがちです。急に無駄遣いを始めるなど、お金の習慣も含め、変わっていくかもしれない、という認識を持っておくことが大切です。

うまくズラしながら暮らす

私は、**夫婦であっても、親子であっても、お互いの違いを尊重することが大切**だと思っています。価値観や行動パターンをすべて一緒にする必要はない。そんなことをしたらお互い息が詰まってしまいます。

現役時代は夫婦それぞれに生活のルーティンがあるので、多少の不満があっても暮らしの中に紛れていました。その不満が定年と同時に強く感じられがちなのは、一緒にいる時間が増えることに原因があると思うのです。

たとえば、ずっと妻任せにして意識しなくて良かった家庭内の細部に夫の目が向き、批判的になる。夫婦で考えていることがまったく違うことに気付く。これから第二の人生を夫婦仲よくしていこうと思っていたのに、一方は鬱陶《うっとう》しく思っていて裏目に出る。そんな危険があるのです。

そんなときは、あえて「一緒」をやめて、なにかを**ズラしてみる**のもいいですね。時間をズラして顔を合わせる時間を適度に調整する、**「時差夫婦」**。

家の中で、それぞれが自分の居場所を決めて、そこを尊重し合う**「縄張り夫婦」**。妻が外で働き、夫が家事を担当など、定年前と役割を変える**「スイッチング夫婦」**。離婚はしない原則で、それぞれ異性の友人を持つ**「自由交際？夫婦」**も見かけます。

どれかだけでなく、長い「定年夫婦」時代には、いろんな形を試して変わっていくのもいいでしょう。これまでの生活で共有してきたコアの部分があるからこそ、ズラして暮らしていてもなんとなくうまくいく。それぐらいアッサリとしていたほうが、お互いに過ごしやすいものではないでしょうか。

大きな問題はないが、お互いにもうウンザリ、という夫婦もいるかもしれません。それならいっそ徹底的な「時差」「縄張り」などのズレをつくることで、ストレスを減らしてみては。「離婚で貧困」という事態を回避したい時にも役立ちそうですね。

とはいえ、孤独も問題

定年後は、ある意味で孤独との戦い、と言われています。

確かにそれまで日中のほとんどの時間を過ごしてきた仕事の場を離れ、ぽつんとひとりになるのは、心もとないですし、新たな仲間や居場所ができるまでは、家庭への依存が強くなることもあるでしょう。パートナーがそれに気が付き、受け止めることも大事ですが、とはいえ、家庭の中だけで解決できることでもありません。

だからこそ、**新しい「職場」**を持つことをおすすめします。お金をもらわなくてもボランティアでもいいのですが、人生１００年時代なので、先々のことを考えると、気晴しだけでなく、少しでも収入になるなら、それに越したことはありません。とはいえ、**人間、基本はひとり**であるということを常時こころに留めていることも大切なこと。趣味でもいいので、自分ひとりでも楽しめるものを持っていたいですね。

家族で話し合う。さりげなく希望や情報を共有する

お金のことで不安を感じないためには、**家族で情報を共有すること**です。パートナーだけでなく、**子どもとも情報共有**できたほうがいいと思います。なぜなら、家族はチーム。自身が病気になったり、要介護状態になったりした際、パートナーや子どもに介護プランを立ててもらうにしても、お金の管理を任せるにしても、**本人の意向**

とお金の状況がクリアなほうがスムーズだからです。

いくらの収入で生活しているとか、たとえば年金はこれぐらいで少し足りないから毎月○万円は貯蓄から出しているなど、おおよその状況がわかっていれば、チームのメンバー（家族）は、どうするかを考えられるでしょう。

我が家は毎年お正月に、子どもを交えて話し合いをしています、新年おめでとう、と言って、ひとりずつ、その年の予定や抱負を話します。お金についても昨年は前の年より収入が増えたとか、個別のことに加えて、人生の長期的なビジョンも話します。

私は「お母さんは、お父さんよりも長生きすると思うから、お父さんが亡くなったら老人ホームに入る！　その資金は自分で準備する！」と言っています。

夫は料理が上手なので「お父さんが亡くなったら美味しいごはんを作ってもらえなくなるので、お父さんいないと困る。そうなったら我が家は解散！」とも。

冗談のように聞こえるかもしれませんが、本心です。深刻にならず、希望を伝えておく。そんな機会が定期的に持てていると、何か急な変化があっても周囲が困らないと思うんですね。年に一度、そういう機会をみなさんも持ってみてはどうでしょうか。

次の世代に伝える

話し合いの際、私が心掛けているのは、**感謝の言葉**を言うことです。「お父さんが長いこと働いてくれて、ごはんも作ってくれて。美味しいうえに健康にも気遣ってくれているから、みんな健康で嬉しい。ありがとう」という具合です。本気でそう思っていますし、機嫌よく話し合いが進んだほうがいいですからね。

将来どうするかを言語化すると、自然と、お金はあるの？　と具体的な話になっていきます。暮らしていくためのお金があるのか、ビジョンを叶えるお金があるのか。資産の額や場所などだけを話すよりずっとわかりやすく、状況が正確に伝わります。

私は今あるお金を使い切ると思うから、あなたはあなたで頑張ってねとか、あなたにいくらかお金を遺せると思うけれど**相続税**でこれだけ持っていかれるからね、ということも話す。子どもの年齢や性質にもよりますが、より具体的に話しておいたほうがいいと思っています。

家族であっても、夫婦間、世代間で考え方が違うかもしれませんが、大切なのは、それぞれの価値観があるからそれを尊重する、ということです。

継続的に話し合っていくことで次第に尊重し合えるようになるし、**お金のセオリー**もわかってくる。それこそが親がすべきことであり、必要な教育だと思います。成人してからとは言わず、高校生でも、中学生でもいい。塾に行くのは○万円かかってるんだよ、そのぶん親が働いてるから行けるんだよ、と理解させるべきでしょう。

私の母が亡くなったときには、葬儀屋さんとの交渉など、すべて子どもにも同席させました。知らないと業者さんの言いなりになってしまうので、いらないものはいらないと言えて、**主体的に契約できる人間になってほしいから**です。

そうして育った子は自分が家庭を持ったとき、当たり前のように情報や想いを共有する家庭をつくると思います。

自分のことを知っておこう

親戚やお知り合いの中に、**「年をとったらイヤな人になった」**という人はいませんか？　そうはなりたくないですよね。でも年をとると〝クセ〟は強くなるものです。

変なクセが出すぎないためには、自分のことを知っておく、ということが大切です。自分のことがわかっていれば気を付けることも、直すこともできるからです。

たとえば**お金の使い方にはクセがあります**。

自分は疲れるとつい、ぞんざいにお金を使ってしまう、という人なら、それを自覚しておいて、疲れたときはとくに気を付けるよう心掛ける。つい見栄を張ってしまう人は、見栄を張りたくなったらぐっと我慢するという習慣をつければいい。自身の悪いクセを直すために、一度、自分を棚卸しするのです。

自分のクセを自分でわかっているといいのですが、第三者に指摘されてはじめてわかることもあります。でも、**年をとると誰も指摘してくれなくなります**。夫婦も、言えば相手が不機嫌になるから言わない、ということもあります。

そんな場合は自分の親を見たり、思い出したりしてください。私は近年、とても母に似てきて、遺伝子ってすごいなーと思っています。でも親を見てイヤだなと思っていたところは気を付ければいいし、良いところは真似をすればいいのです。親が年をとって変化したように自分も変わっていくかもしれないし、親がかかった病気には自分も気を付けたい、など考えると客観的になれます。ご両親が他界されている場合は思い出してみたり、身近な人の年のとり方に、学ばせてもらうのもいいでしょう。

不安に負けない。困ったときに困る

万全に準備をしたつもりでも、いろんな場合を考えると「足りないかも？」と不安になることがあると思います。足りないと思うなら貯めることも大切ですが、ほかにも支出を抑えるという手もあるし、働くという方法もある。社会制度の助けを借りるという選択肢もある。**貯める以外にも色々な方法があることを知ってほしい**と思います。不安に苦しむより、心身元気でいることのほうが大事であり、尊いことなのです。

私の好きな言葉は**「困ったときに困ろう」**です。

仕事でテレビに出演する機会もあり、ドキドキしないかと聞かれますが、緊張しません。失敗したって、間違えたことを言ってしまったって、謝って訂正すればいい。そうならないように下準備をしっかりすればいいだけですね。

欲しいモノがあればお金も使ってしまいますが、好きで使っているのであり、見栄を張るために使っているわけじゃない。だからいいのです。

すごいとか、ちゃんとしているとか、人に判断してもらうことではありません。自分が幸せなら、いいじゃないですか。

不安がちな人は、不安がひとつ解決しても、また次の不安に襲われます。不安が不安を呼んでしまい、何が不安なのか分からない、という人もいます。それも真摯《しんし》に生きているからこそですよね。ただ状態によってはお医者さんに相談したほうがいい場合もあるので、決して無理はせず、誰かにＳＯＳを出してくださいね。

私のゆるい健康法

何歳まで生きるかを表す**「平均寿命」**に対し、心身ともに自立し、健康的に生活できる期間、日常生活に制限のない期間を**「健康寿命」**といいます。厚生労働省の調査によると、男性は平均寿命80・９８歳に対し、健康寿命は72・１４歳。女性は平均寿命87・１４歳、健康寿命74・７９歳です。平均で**男性は約9年、女性は約12年、日常生活に何らかの制限がある不健康な時間がある、**ということです。

いくら長生きをしても、不健康なのでは残念ですよね。病気をするとお金も心配です。そう思うと、「定年夫婦」の先輩方が、いろいろな健康法を試しているのもうなずけます。

私自身は、アーユルヴェーダを自己流にアレンジした健康法をゆるめに実践しています。

毎日6時10分に起床。朝日を浴びて、口をすすぎ、舌苔《ぜったい》を取り、白湯《さゆ》を飲みます。すでにお腹《なか》がすいているので、自分でつくった甘酒（発酵マイスターの資格を取ってからつくっています）を少しだけ飲み、**ヨガ**をします。ヨガは10分のときもあれば1時間のときもあります。無理にしないことが長続きするコツです。

白ごまでつくったオイルで、**オイルマッサージ**をします。白ごまのオイルを塗ると老廃物が排出されるそうです。

そしてメディテーション（目を閉じて瞑想。うまくできないので、10分程度じっとしているだけ）し、スムージーとヨーグルトの朝ご飯を食べます。

出張も多いのですが、そういうときはかなり省略。お白湯を飲んで、簡単なストレッチをする程度です。

平均寿命と健康寿命の推移

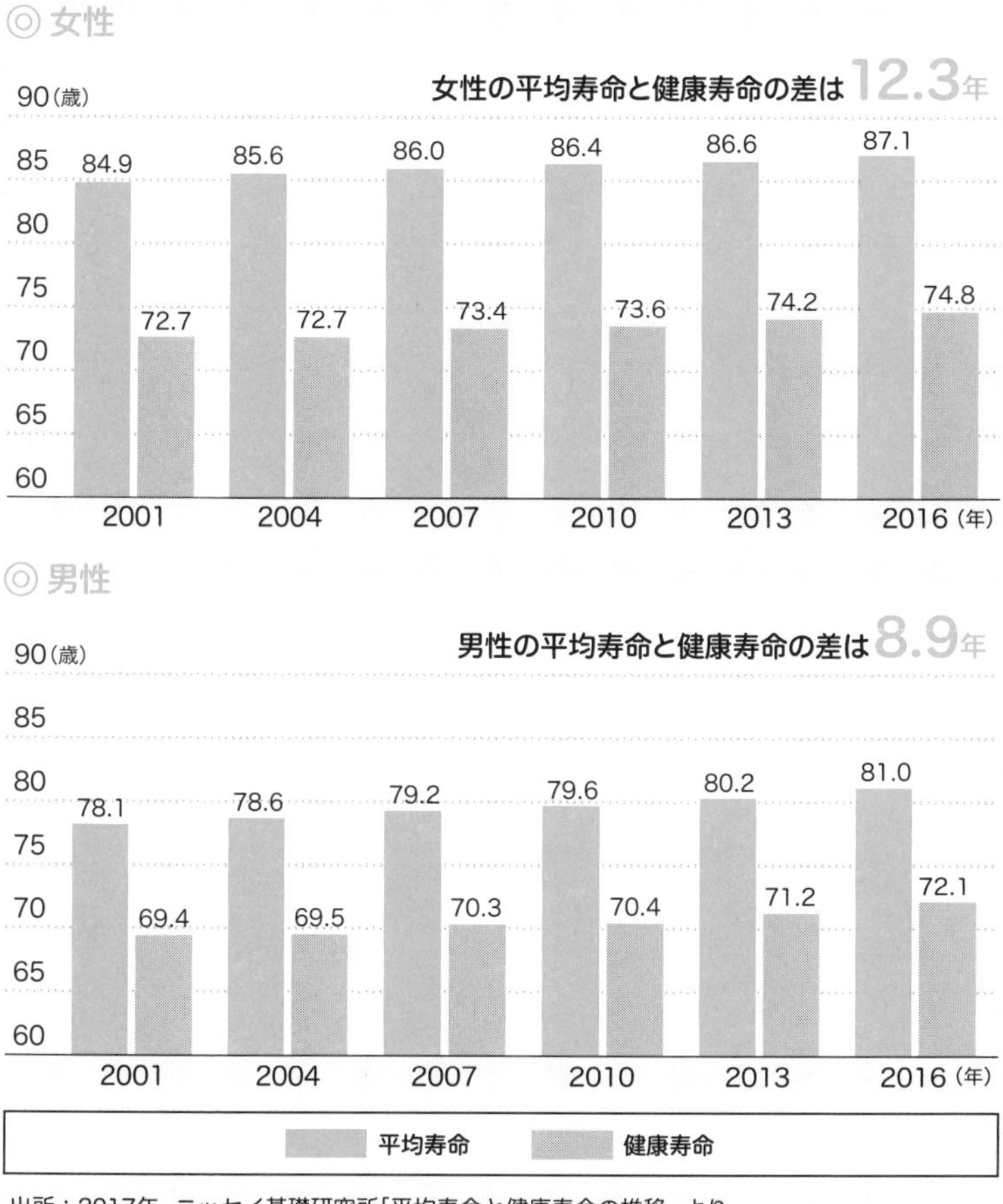

出所：2017年　ニッセイ基礎研究所「平均寿命と健康寿命の推移」より
＊小数点第2位以下を四捨五入

お昼はモリモリ食べ、6時くらいから夕ごはんを食べ、10時にはバタンキューです。毎日ルーティンがあるのは結構清々《すがすが》しく、体調はかなりいいと思います。それでいて、出張中など、できなかったらできないで、気にしない。食べるものも気をつけていますが、残すのが嫌いなので、外食で体に悪そう……と脳裏をかすめても、美味しく、しっかりいただきます。雑食でいいと思っています。

よく続くね、と言う人もいますが、**続けるコツは、続けようと思わないこと**、適当にすること、です。

窓を開ければ自動的に朝日を浴びますよね。それでいいのです。そして「すごい寝た〜」などと独り言を言います。**「今日はいいことあるなぁ」**とか。自分に暗示をかけるのです。寝不足で辛いわ〜とか意識すると、本当に辛くなる。だから、「今日も元気だわ」とか、「今日は取材であの人に会えるからラッキー」とか、「取材終わったら大福買って帰ろう」などと思い浮かべます。

何年も風邪をひいていませんし、サプリメントもなし。できるだけピラティスに行く程度。疲れたらマッサージや整体に行きます。アスリートじゃないのだから、ストイックにやる必要はなし。そんなことしたら逆に心身に悪いような気がします。

あれもやったけどダメ、これもやったけどダメって思うより、自分でできることを自分なりにやる。お金をかけて健康になろうとかでなく、なんかこれよさそうって思うものをやってみて、自分に合うようにアレンジしていく。それでいいのです。

健康にお金はかからない

節約を勧める本などでは、食費が一家で3万円などと書かれていることもありますが、反対です。夫婦ふたりでも月3万円に抑えるには、質のよくないものも買わなければなりません。高級でなくてもいいので、新鮮なものをいただきたいものです。ダイエットなども無理は禁物です。

Nさんは、メタボが気になって糖質オフのダイエットをしましたが、お米を食べないようにしたら魚や肉も食べられない、となってタンパク質までオフに。サラダばかり食べていたらたしかに痩せましたが、筋肉が細って医師に叱られたそうです。

医師に〝年を取ってからの財産は筋肉〞と言われ、お金より筋肉かも……と思ったと聞いて、なるほど、と思いました。無理なダイエットをしたり、食費を削ったり、高価なサプリメントをたくさん飲むより、きちんと食事をしたほうが、よほど健康的で、医療費の節約になるのです。

私はいつかくる病気を受け入れる

健康寿命は長いほうがいい、と思いますが、**私は無理して長生きしたいとは思っていません**。それは人それぞれですよね。

私は最期にどんな景色を見て死にたいか、に少々こだわりがあります。

多くの人は病院の壁を見て旅立つと思いますが、それはできれば避けたいのです。

アメリカの映画では、庭に面したロッキングチェアでくつろいでいて、家族が見に行ったら息絶えている、といったシーンをよく見かけます。ゴッドファーザーでも、庭でオレンジを喉に詰まらせて亡くなりましたよね。私も自宅でもいいから自然のあるところで最期を迎えたい。あくまで私個人の考えですが、私は病院ではないところで、「あれ？　ここはどこ？　天国きちゃってる？」という感じで、痛みなく、逝きたいです。なかなか現実には難しいことですが。最後にお世話になるのは「在宅治療かな」と思っています。それも最小限の。

夫や子どもにも**「私は病院行かない」と公言していて、実は検診も行きません。**

今は不調はありませんが、体調を崩しても、痛みは抑えてほしいけど、治療は受けないつもりです。家族にもそれは伝えていますが、それでも、いざというときには恐怖心もあるし、治療お断り、とは言いにくいかもしれません。でも決断したことに後悔するようなことは避けられるのではないかと思います。

延命治療をするかどうか。尊厳死の宣言も可能

死が近づいている状態を**「終末期」**といいます。その時期には、回復が見込めない状態であっても、延命治療という選択肢があります。

たとえば飲食ができなくなった際に栄養摂取のため胃ろう（胃に小さな孔を作り、直接、流動食を入れる。終末期以外にも使われ、治療法として有効な場合もある）をするか、呼吸困難時に人工呼吸器をつけるか、心肺停止状態になったら人工呼吸や心臓マッサージで蘇生を試みるか、といった判断が必要です。

本人が意識障害や認知症などで意思表示ができない場合は家族が決めることになりますが、これはかなりの重圧です。

「延命治療をして1分でも長く生きてほしい」「これ以上苦しい思いをさせたくない」など、家族の中で意見が衝突したり、判断が正しかったか、あとから辛くなることも。

どこまで医療を受けるか、元気なうちに家族に伝えておきたいものです。

重い病気でも告知してほしいか、余命を知りたいかなども考えておくといいですね。

もし延命治療を望まない場合は、自分の命が不治かつ末期であれば延命治療を施さないでほしいと宣言する**「尊厳死の宣誓書」**というものも作成でき、一般財団法人日本尊厳死協会という団体では、宣誓書の保管も行っています。

来たりくる**「多死社会」**に向けて、終末期医療のあり方はすでに、QOD（クオリティ　オブ　デス＝死に向かう医療の質を高める）時代に入っています。厚生労働省でも政策が議論されていますので、ホームページで見てみるのもよいでしょう。

◎第5回　人生の最終段階における医療の普及・啓発の在り方に関する検討会

http://www.mhlw.go.jp/stf/shingi2/0000194863.html

特別なことをしなければ青天井にお金がかかることはない

病気になったときにどうするか、おおよそでもいいので考えを決めて、さらに必要なお金についても考えておければ、それが気持ちの安定につながるかもしれません。

できるだけの治療を望むという場合は医療費もかかりますが、「高額療養費」がありますから青天井にお金がかかることはありません。差額ベッド代や先進医療を受けた場合のお金は別途負担になりますから、「お金の続く範囲で」という心づもりをしておくだけでも十分です（若い人ではなかなかリアルに考えられませんが）。

末期がんで**ホスピス**に入りたいという場合、基本的な医療費については高額療養費が適用されますが、差額ベッド代や自由診療を受けるなら、その分は用意しなければなりません。**お金があれば選択肢が広がる**、と思っておくといいでしょう。例の800万円に〝＋α〟で、加えておいてくださいね。

◎ 6章のまとめ

◎「定年夫婦」期は40年と考えて、ほどよい距離感で、関係の更新の工夫を

◎次世代に上手にお金を渡す――お金だけでなく、考え方も手渡す

◎傲慢、不安…。高齢者にありがちな偏りは、意識して修正を

◎健康法も、ゆるくていいから長続きする方法を自分で見つける

◎医療や介護、終末観…。自分なりの想いや覚悟を家族などと共有する

◎お金があれば選択肢は広がる。そう思ってそれなりの準備を

あとがき

「定年夫婦」という、人生のフィナーレを飾るこの時期を、苦労せず、幸せに生きるためにすべきことを、私なりにじっくり考えたのが、この本です。

世の中の動きにつれ、そしてなにより長寿が実現された社会に生きることで、ひとりひとりの暮らしに起こる変化は驚くほどの速さですね。その中で、せっかくならいいほうへ、楽しく幸せなほうへと向かえるようにという願いをこめました。

夫婦は、ふたりの違った個性の組み合わせ。「ふたりでふたつ」の力を、お互いに生かしあってこそ強みを発揮する。そんなありかたを、未来に向けても変わらず、応援していきたいと、私は思っています。

そうした中で、「定年夫婦」のふたりはそれぞれ、人生のこの時期に、あらためて、「お金」という大きな課題と向き合うことになります。

「お金とどうつき合うのか」。これはかなりむつかしい問題です。

まず、人は百人百様。性格が違い、生活も千差万別。お金とのつき合い方は、その人の性格と生活によって異なり、自分にあったあり方は自分で作り出してくるもの。夫婦であっても、それぞれです。

さらに、お金とのつき合い方は、体験がものを言いますよね。頭のなかでいくら考えても、自分らしいスタイルは作れません。私は個人の自営業者です。なので、何でも自分でします。誰もやってくれないので自分でするしかないのです。そのおかげで自分なりに、お金とつき合うときのスタイルを作ってきました。

ただ、その前提となる、「お金とつきあう態度の鉄則」に気づいたとき、それは、思いがけず、誰にも共通するものでした。「鉄則」とは簡単で普遍的なものなのですね。どんな人でも、お金とつき合うときの、あるべき「態度」の鉄則は同じ。それは結局、

「清く、正しく、美しく」

この3語に尽きる、と私は思っています。

この言葉を実感したエピソードがあります。

私はごくたまにですが、本を読んで気になる言葉があると何度も何度も読み返し、最後には覚えてしまうことがあります。昨年の10月頃に出会ったのもそんな言葉でした。関西で唯一といわれる文芸専門出版社主が書かれた本の中の2行です。

〈清水さんの通夜の時、勇氏は、「家族思いの清潔な一生であったと思います」と挨拶した。淡々と亡くなる前後を報告し、印象的であった。〉

『遅れ時計の詩人――編集工房ノア著者追悼記』涸沢純平著（編集工房ノア）

清水さんというのは、清水正一氏。大阪市内の商店街の市場で蒲鉾屋を夫婦で営み、ふたりの子を育て、亡くなるまで仕事をされていた人です。その一方で、詩人としても評価された人でした。勇さんはその息子さんだそうです。

自営業ですから、毎日現金を扱う仕事です。生涯を通じて、お金の問題に直面する場も数限りなくあったと思います。ですが、最後は息子さんに「清潔」という言葉で送ってもらえた。かけがえのないひと言だなあ、と思いました。

「清潔」という言葉は、まさしく「清く、正しく、美しく」に通じます。

ただ、お金に向き合う時の「清く、正しく」はまだわかりますが、「美しく」というのはむつかしく感じます。でも、これは「きれいに」という言葉に置き換えることができるかもしれません。「きれい」の反対は「汚い」。これに「お金」をつけると、「お金にきれい」、「お金に汚い」です。

「お金に汚い」……怖い言葉ですね。一度そんなレッテルを貼られると生涯付いて回るかもしれません。大きなマイナスになることもあるでしょう。

「お金は自分自身の鏡」でもあります。ならばなおさら「きれい」でありたいですね。どんな態度が「きれい」なのか、身近な人にも聞いてみてください。皆さんそれぞれの「きれい」の基準を持っていると思います。焦ることはありません。じっくりと時間をかけ、ご自分らしい「お金にきれい」なあり方を見つけてください。

定年夫婦のおふたりがそうして生きていけたら、それに勝る幸せはないと思います。

２０１８年　早春の候　　井戸美枝

100歳までお金に苦労しない
定年夫婦になる！

2018年3月31日　第1刷発行
2019年7月27日　第2刷発行

著　者　井戸美枝

発行人　海老原美登里
発行所　株式会社 集英社
〒101-8050
東京都千代田区一ツ橋 2-5-10
編集部　03(3230)6399
読者係　03(3230)6080
販売部　03(3230)6393（書店専用）

印　刷　凸版印刷株式会社
製　本　株式会社 ブックアート

ブックデザイン　MOTHER
撮　影　露木聡子
ヘア＆メイク　Yumi (Three PEACE)
編集協力　高橋晴美
編　集　中安礼子

造本については十分に注意しておりますが、乱丁、落丁（本のページ順序の間違いや抜け落ち）の本がございましたら、購入された書店名を明記して、小社読者係宛てにお送りください。送料小社負担でお取替えいたします。ただし、古書店で購入したものについてはお取替えできません。本書の一部、あるいは全部のイラストや写真、文章の無断転載及び複写は、法律で認められた場合を除き、著作権、肖像権の侵害となり、罰せられます。また、業者など、読者本人以外による本書のデジタル化は、いかなる場合でも一切認められませんのでご注意ください。

ⓒ Mie Ido 2018 Printed in Japan
ISBN978-4-08-333153-4　C0034

定価はカバーに表示してあります。